Raquel dice
(Algo enteramente inesperado)

MOIS BENARROCH

CICLO

AMOR Y EXILIOS

ISBN: 9781519020192

Raquel dice

(Algo enteramente inesperado)

"Agorajásei por que vim. Nãofoi para escrevermeulivro. Vim para lerteulivro. E então Raquel diz algo enteiramente inesperado".

Pedro Paixao, Quasegosto da vida que tenho

EL PASADO ES ESE CUENTO QUE CAMBIA SIN PARAR

La creación de Raquel

1.

Jack Kerouac se pasó la vida corriendo carreteras, Kafka nunca salió de su oficina: dijo que si te quedas sin hacer nada el mundo termina al fin por descubrirse ante ti. Kerouac fue a buscar el mundo en los caminos y en los locos. Los dos murieron a los cuarenta años sin encontrar nada del mundo. Y yo…

Yo tengo cuarenta años y lo que quiero es morir, lo que quiero es no seguir, lo que quiero es no decidir, ni entre la idea de Kafka y la de Kerouac, entre K y K. Ni siquiera quiero no decidir nada como Kertész. Quiero morir. Estoy solo y el mundo ya no me interesa…

No me interesa lo que escribo, ni lo que no escribo, lo que queda por escribir, ni lo que no voy a escribir si me muero hoy. Nada. El único que llegó a algo con esto de las palabras, si es que creemos en la Cábala, fue

Elohim, o Jehová, que primero escribió al mundo y desde el programa de sus palabras lo creó. Pero ¿se puede considerar este mundo un gran éxito?

Tal vez los que se acercan a esa posibilidad, la de crear algo con las palabras, los que se acercan a la posibilidad de ser Elohim, viene alguien y se los lleva a otro mundo, a los cuarenta años, como le pasó al cabalista YisthakLuriahHaari, o al Baal Shemtov, y otros tantos muchos, muchísimos, como RabbiNahman de Braslav, Kafka, Kerouac, que se mueren a los cuarenta años, o muy cerca, a los treinta y nueve o a los cuarenta y uno; debe de ser un número mágico el de los cuarenta, y yo…

Yo no es que esté cerca de crear un mundo, y no es que me crea tan buen escritor o místico como los citados, no es eso, es que me he cansado de publicar libros, y no puedo soportar ninguna crítica. Si escriben algo bueno sobre un libro no me lo creo, me digo que no tiene importancia, que la rivalidad no es con un contemporáneo, la competencia es con los versos de los salmos, o con tres poemas de Blake, o un soneto de Shakespeare, pero…

Si escriben algo malo no puedo escribir durante días, semanas, me meto en la cama y nadie puede ponerme en movimiento, escribo cartas en contra del crítico, cartas terribles, de odio, de desencanto, le digo que por culpa de él no escribiré más.

No, no es contra el crítico, es contra mí mismo, Mí Mismo, ese Mismo que me ve y se ríe de mí, ese Mismo que no hace más que decirme que soy un fracaso, que si no puedo crear una sola página que se queme a sí misma al final del poema soy un fracaso. Todo escritor sabe eso, pero lo único que hace es evitar pensar en ello. En ese lapso, en ese espacio en el que el escritor escapa de su fracaso, se crean los libros. Los mejores y los peores.

Pero no más. No más. Hoy escribo desde el fracaso, desde el fondo de mi frustración y de mi desdicha, desde el fondo de mi tormenta y de mi coraje, desde el fondo de mi mar muerto.

Porque hoy, hoy mismo, lo que quiero es desaparecer, no ser, y lo quiero desde todo mi ser, desde mi cabeza hasta las uñas de mis pies, y lo que no quiero es evitar ese sentimiento de tristeza y de depresión, lo que no quiero es evitar el dolor, quiero el dolor, quiero ese dolor como quiero respirar, necesito ese dolor como se necesita agua para vivir, necesito el dolor de no querer más vivir como necesito mi piel para vivir, ese dolor terrible de que la vida no tiene sentido ni puede tener sentido, y así es mejor, mejor que no tenga ningún sentido. Mejor. Y esto que he escrito no me gusta. No me gusta ya, directamente, no está bien escrito y no nos lleva a nada, y no es lo que pienso, no lo es, es parte de lo que pienso, yo que creía que decía lo que pienso, la verdad, sé muy bien que es una tontería, una tontería, no se puede decir todo, no se puede decir la verdad, no en literatura, se puede intentar, pero y ¿qué sentido tiene eso de intentar algo en lo que no hay triunfo? Lo que quiero decir es que busco amor, amor, que necesito una mujer que me ame, y estoy solo, no sólo que me diga que me ama, sino que me sepa amar, y estoy solo. Pero no tiene mucho sentido en una novela ir quejándose de que uno está solo, ¿qué lector se quedará en un libro en el que el escritor se queja de estar solo, muy solo en el mundo? ¡Y qué me importa el lector!

Sí, me importa el lector. El lector es el que importa. Por eso debería borrar todo esto y escribir algo más sano, demostrar lo que valgo, demostrar que soy un buen escritor, escribir una historia, contar un cuento, contar mi cuento, decir cosas felices sobre mi infancia, crear un mundo mejor, pero no quiero ningún mundo mejor, con lo que hay me basta.

No estoy en contra de las guerras, si los hombres quieren matarse en guerras, pues muy bien, que lo hagan, creo que a los hombres les gustan las guerras porque es una forma legítima de morir, de dejar a familias y mujeres sin ser víctimas, y si vuelven es una buena razón para enloquecerse y dejar a las familias, o dejar el mundo, aunque físicamente estén en él. Los escritores, los cabrones escritores, saben muy bien escribir bestsellers en contra de las guerras, yo podría escribir uno, pero nunca escribí sobre guerras ni sobre armadas ni en contra de las guerras, ni tampoco escribo sobre teología. Me aburre.

Muchas cosas me aburren, la mayoría de las cosas me aburren, Mí Mismo me aburre, hablar de lo que siento me aburre, podría escribir sobre las atrocidades de los israelíes y la ocupación y convertirme en un oso de la conciencia. Y no es que no tenga qué decir pero me parece que los que dicen esas cosas lo que quieren es vender más libros en países cristianos. A los cristianos les gustan mucho los judíos que van en contra de judíos, es normal, el primer cristiano es un judío que fue en contra de judíos, además, es una cosa que los judíos hacen muy bien, me parece demasiado fácil. Como nadar.

No pensaba escribir otra vez sobre judíos, ni sobre ningún otro, hoy escribo para ver hasta dónde pueden llegar estas palabras, si sigo así cambiando de ritmo podré llegar a ese momento al que llegó Kafka o Kerouac y vino el ángel de los escritores y se los llevó del mundo, si puedo ser tan buen escritor como ellos, o tan malo como ellos, para que vengan a rescatarme, por eso escribo hoy. No estoy ni a favor de los judíos ni en contra de los cristianos, ni vice, ni versa.

2.

Era un ejercicio, la verdad es que escribía estas palabras entre dos novelas para no perder la mano. Nada esperaba de ellas ni de sus verdades, simplemente es lo que hace un escritor cuando no tiene algo mejor que escribir o que hacer, o a quien amar. De pronto empezaron a surgir palabras en mi ordenador. Palabras que, muy claramente, no era yo el que las estaba escribiendo. Las palabras aparecían cada vez que dejaba el ordenador y veía una frase, siempre era una frase cuando volvía.

«Pues bien, no podemos concederte lo que pides. Pero sí la posibilidad de crear.»

«Pero, ¿quién ha escrito esto, quién ha entrado en mi ordenador? Puede que sea un virus, pero ni siquiera estoy conectado.»

«Hoy, y sólo hoy, puedes crear una persona.»

«Una persona, eso sería mucho, pero si yo lo que quiero es escribir un libro.»

«Una persona que puedes elegir tú mismo.»

«¿Crear una persona según mis condiciones?»

«La condición única es que esa persona nazca en el mismo año en el que naciste y en la misma ciudad.»

«Pero ¿y por qué esa condición?»

Y así de pronto dejó de responder a mis preguntas. Durante horas iba y venía y no veía nada ni nadie que siguiera este diálogo que no entendía.

Voy y vengo y sigo volviendo, releo mil veces las palabras que se pegaron a mi ordenador y sigo sin recibir más mensajes.

Entiendo que he hecho algo que no se hace en este oficio, que he escrito algo que no debería escribir, que he descifrado o deletreado algún secreto antiguo de las palabras, pero haga lo que haga entiendo que ahora tendré que crear una persona. No ficticia, una persona. Lo que piense ahora se hará realidad.

Es la mujer que hace ya mucho tiempo siento muy cerca de mí, la mujer que vive una vida paralela, la mujer con quien siempre cuentan mis personajes femeninos. Se llama Esther o Raquel, son los dos únicos nombres posibles, el nombre de mi madre y el de mi hermana, porque está muy cerca y ahora entiendo por qué está siempre cerca pero no la puedo encontrar.

Y se me pasa todo eso de querer morir o de la escritura que no da nada y que no llega a nada. Ya no quiero morir.

Pregunto a esa voz: «¿Y por qué tiene que ser el mismo año en que nací?»

Espero, me voy a tomar un café, a fumar. Pero sigo sin respuesta.

«Es una mujer, ya ves lo que escribo, y preferiría que me dijeras algo, voz de la antigüedad, encantación de mil milagros, Elohim de la escritura…»

Sigo así durante horas pero no hay respuesta.

Tal vez ya me lo ha dicho todo y lo único que tengo que hacer es seguir imaginando a mi Raquel hasta que se presente en mi casa. Mi Raquel es escritora. Y se va a vivir a Madrid, escribe en castellano, y nunca ha tenido que dejar su lengua materna como yo. Vive una vida paralela que sueño a veces haber vivido.

Sí, eso, es escritora, una escritora creada por mí, escribe libros sobre nuestra ciudad, sobre sus memorias, sobre personajes de judíos que ya nadie cree que hayan existido, escribe poemas y busca palabras en jaquetía. Su madre podría ser una íntima amiga de mi madre. Su padre vende café, porque me encanta el café con todos sus setecientos componentes y su misterio de tener un sabor diferente cada vez que lo haces.

Y de pronto dos días después otra frase.

«En el año en que naciste había sitio para el nacimiento de otro judío.»

Así que nos tienen contados, tantos judíos cada año y ese año se les pasó uno. Uno más, y ahora yo puedo completar la misión. No soy un cabalista ni soy un santo, por qué me habrán dado esa oportunidad. Tal vez mi soledad, mi pura soledad, mi sentimiento de exilio, mi dolor llegó hasta esas instancias. Uno más. ¿Seré un judío bisiesto?

«¿Y podré algún día escribir sobre todo esto?»

«Sí, pero no más de cinco mil ochocientas cuarenta y cinco palabras.»

«¿Y qué ocurre si me paso?»

«Todo desaparecerá.»

Ésas fueron sus últimas palabras. Nunca más vinieron frases a posarse así de pronto en mi ordenador. Así que tengo un máximo de cinco mil ochocientas cuarenta y cinco palabras para contar cómo creé a Raquel, y por qué.

3.

Mientras imaginaba el pelo castaño de Raquel, sus ojos gran des y profundos, me daba cuenta de que no tenía sentido seguir pensando, de que Raquel ya existía, de que su historia ya existía en el mundo, que no podía ya cambiar las cosas. Entré en un segundo en el tiempo en el que era posible crear una persona, tal vez lo mismo le haya pasado a Kafka y creó a Max Brod para que salvase sus libros del fuego. Raquel salvará mis libros del agua.

Ya nada podía hacer, tenía miedo, sobre todo miedo. Pero en qué lío me habré metido ahora. Y no puedo volver atrás, mientras pensaba un segundo pasó una vida, pasaron los cuarenta años de Raquel y los míos de pronto, me acordé ya de haberme tropezado con ella en varias ocasiones, como con una sombra, en la escuela, a los cinco años, en Madrid, en algún viaje, y me daba cuenta de por qué dejé de viajar a Madrid durante los últimos veinte años, porque no podía verla de verdad hasta ahora, hasta este momento en el tiempo en que la creé. En que la creé de mi costilla de insensato, de mi costilla de escritor frustrado.

Estas cosas no se hacen, no se hacen cosas así, es un ataque grave a la lógica del tiempo, y no hay que entrar por estos túneles. Lo pagaré caro, me dije, lo pagaré caro.

Y esperaba que esa voz de palabras en mis escritos volviera a decirme algo, a decirme que esto tiene sentido, o lo contrario, lo que sea, pero sabía muy bien que esa voz no iba a reaparecer jamás en mi vida. Estaba solo, y ahora más solo, sabiendo de la existencia de Raquel. Estábamos los dos completamente solos en el mundo.

En esos días escribí:

Volví

Sí

y allí estaba mi amor

buscando mis huellas

dejando las suyas

sin poder volver a las mías

esa mujer que siempre me sigue

que es mi sombra

siempre a una calle de mí

Pero había roto con las calles, con las calles paralelas que nunca tienen esquinas para encontrarse. Había creado una esquina en el tiempo.

Y ahora sería mi vida.

Esa misma semana le dije a mi mujer que me quería divorciar, le dije que no podría venir conmigo a donde iba, no me creyó, no me entendió. No supe irme, me quedé.

Y en esos momentos me di cuenta de por qué me había puesto a escribir en español después de años en los que no había escrito en mi lengua materna, era una necesidad, porque Raquel era la lectora. Escribía para ella. Era para ella.

Mirando desde el laberinto hacia los cielos

—Te tenía en mis manos pero eras un pájaro.

—Tus manos se llenaron de huecos.

—Tus ojos me miraban mientras volabas.

—No te miraban a ti, miraban tu desaparición. —Un día diré, fuiste mía pero yo nunca fui tuyo. —Un día dirás, yo la tuve pero ella nunca voló. —Dame tu mano derecha, escribiré en ella una sola letra. —No puedo llevarme ni siquiera una letra tuya, siempre todas fueron tuyas.

—Entonces dame tu mano izquierda y borraré una letra. —Mi mano izquierda nunca escribió una sola palabra. —Entonces escribiré una letra en el sol.

—Y esa letra se reflejará en la luna.

—Y esa letra se reflejará en la tierra.

—Y cada vez que la leas recordarás el pacto que juramos

nunca violar. El pacto de nuestra letra.

Capítulo primero

En el que se explicará cómo se puede pasar de la edad de once años a la de trece sin tener doce.

Raquel dice que hay un niño de doce años que quiere hablar y no le dejo. Hay una voz ahogada allí, dice. Y cuando Raquel habla yo escucho. O más bien, leo. Raquel me escribe e-mails diarios que espero impacientemente, siempre me dice algo inesperado, ilógico y fuera del tiempo.

Entonces, yo pienso en libros, siempre pienso en palabras, todo tendrá que acabar en forma de palabras en un libro. Si no, para mí nada tiene sentido. Las palabras viven entre las hojas, y las hojas entre las palabras; y nosotros, pobres humanos, vivimos entre los libros. Palabras que se pasean por el mundo y nos llegan o no, sin tener la menor idea de quién las escribió.

Pienso en ese libro, este libro, del niño de doce años, de hace tantos años que en realidad nunca conocí. Lo peor del caso es que se quedó sin nombre, nació a los doce años y medio, y murió tres meses después, sin dejar huella en el mundo y sigue perdido en realidades paralelas, en caminos que se bifurcan infinitamente, y yo creo que ese niño de doce años está buscando a Raquel. O más bien, encontró a Raquel y viven juntos y tienen dos hijos. Pero las realidades paralelas no deberían nunca encontrarse, si no se separan para siempre. Eso es lógico, pero es sólo parte de la lógica.

Yo creo que todo esto, bueno, que será todo y que será esto, empezó hace cuatro meses cuando de pronto, sin previo aviso, el pasado vino a encontrarse con el presente. Mi vecino, que siempre viene a casa a beber café los sábados, le dijo a mi mujer que el señor Bernardo iba a venir a Israel, y mi mujer dijo que quería verlo. Bernardo, del que hablamos bastante mi mujer y yo, era el último amante que ella tuvo antes de que nos casáramos, de eso hace ya diecinueve años. Son muchos años.

La idea no me gustó mucho, pero no dije nada. El día que iba ir a verlo le pregunté a dónde iba, me respondió me voy a Tel Aviv a ver a Bernardo, y yo le comenté tengo algo que hacer en Tel Aviv, ese algo era simplemente comprar purillos. Pero dije si vas a ver a Bernardo mejor que no vaya contigo. No, me dijo, ven conmigo, lo veo y después nos vamos a pasear, sólo pienso tomar un café con él. En ese mismo momento pasó algo con el tiempo, la cita duró cinco horas y yo esperando pero no llamé por el móvil, esperé que ella me llamase. Después vino el dolor, el dolor allí aislado y no vivido en su tiempo. Viví de nuevo el mes en el que volvió a él, y sufrí mucho, paseándome por las calles de Jerusalén sin rumbo y sin meta, sólo buscaba pasos.

Los pasos eran más libros y más palabras. Raquel me dice que debería ser editor, y seguro que tiene razón. Yo debería comer letras todos los días, para vivir en las letras, a veces creo que sólo existo en libros, vivo en laberintos de palabras que llegan a mí sin parar, vienen a mí sin que yo las llame.

Tengo una idea, por ejemplo ésta del niño de doce años del que me habla Raquel y me pongo a pensar y de pronto empiezan a llover palabras, de pronto veo los libros enteros enfrente de mí, siempre me pasa eso de noche, antes de dormir. En esos momentos, si hubiese alguna forma de transcribir exactamente lo que pasa en mi mente, libros enteros saldrían por la computadora en unos segundos. Ayer, ayer vi todo este libro sobre el niño, ese desconocido, Mois. Ese desconocido, yo.

Pero ahora, enfrente de mi computadora, las cosas son mucho más difíciles, las cosas no van tan rápido, me pierdo en una idea porque hay otra que quiere salir.

Además tienes que escribir el libro en tu lengua, me dijo Raquel. Escribo poemas en español, pero la prosa me es más fácil en hebreo. Eso era lo que esperaba, que alguien me dijese escribe en español, como me dijo Raquel, que siempre me dice lo que debería decirme a mí mismo. Y ahora me doy cuenta de que el tema debe decidir la lengua, y ese Mois, perdido en los tiempos más extraños de la humanidad, ese Mois quiere hablar en castellano, o más bien, como nos decimos Raquel y yo, en tetuaní.

¿Quién es ese Mois? A los doce años le hicieron la Barmizva, y en ese momento el niño judío se convierte en adulto. En ese momento entra en todas las obligaciones del judaísmo. Pero hasta ese día era Moisito, aunque mi orgullo me hacía chillar ya desde los siete años «NO ME LLAMO MOISITO, ME LLAMO MOIS»; no por eso era menos Moisito y no por eso era más Mois. Mi infancia nunca hubiese sido tan dulce sin que me llamasen Moisito.

Pero ese Moisito que a los doce años y medio se convirtió en Mois de pronto, tres meses después se convirtió en emigrante. Sus padres, sin previo aviso, aunque se sabía que la cosa estaba por venir, decidieron un día de verano despertar a Mois y a todos sus hermanos y meterlos en un coche, que los llevaría a Ceuta. De allí llegaría Mois al estado de Israel, un estado transparente, en el que Mois se convirtió en Moshe, y donde nunca en realidad pudo desarrollar su personalidad. Moshe, sí, Moshe, era el nombre que tenía en la Tefilá, en la sinagoga, era el nombre religioso. Pero el Moisito que quería tanto ser Mois se convirtió en Moshe. Y allí se creó un desaparecido, Mois, y un desconocido, un sin pasado, Moshe.

Raquel escribió una novela titulada La salida de Tetuán y en ella describe cómo ella salió de Tetuán. Cuando Moshe leyó el manuscrito, se sintió como si él fuese el personaje que está viajando en el coche rumbo a la aduana, y cree desde entonces que Raquel es un personaje de sus novelas, y que él es un personaje en las novelas de Raquel.

Raquel dice que escribió esta novela para él, antes de conocerle. Y no entiendo muy bien por qué hablo de mí en tercera persona; me veo saliendo de mi cuerpo y desde fuera me miro a mí. Pero sé que soy yo, y somos ése, yo y ese él, dos extraños completos, pero formamos uno.

Cuando leí La salida de Tetuán entendí por qué lo que quiero hacer siempre es emigrar, pero importa muy poco a dónde, lo que importa es hacerlo de una forma en la que no pueda volver (volver, volver, esa mentira tan dulce). Digo a mi mujer vendemos la casa, el coche, todo, y nos vamos; y ella me responde, bien, muy bien, si quieres nos vamos pero primero vete a Madrid o a París o a Londres, o a cualquier lado, encuentra un trabajo y después iremos los demás. Mi mujer tiene razón. Hay una voz últimamente que no deja de decirme que debo escuchar a las mujeres.

— ¿Dónde estás?

—Buscando la salida o la entrada.

— ¿Y qué ves?

—Veo un pasillo, una puerta que da a otra puerta, que da a otro pasillo, que da a otra puerta, que da a otro pasillo.

—¿Y desde cuándo estás allí?

—Desde que dejé mi casa sola, sin mis pasos y sin mi sombra, desde que empecé a escribir poemas.

—Sí, ya sé, yo también estoy aquí desde que dejé mi casa. —¿Y también escribes poemas?

—Sí, poemas que son pasos que no recuerdo y memorias sin palabras.

—¿Y qué ves, mi amor?

—Sólo veo mis pasos, que van de puerta en puerta y de pasillo en pasillo, de poema en poema y quiero salir, por la entrada o por la salida.

—¿Ves jardines también?

29

—Sí, veo jardines, pero no son mi jardín, no tienen el verde de mis plantas.

—Escucha, escucha, eres una voz.

—Sí, por fin es una voz, oigo tu voz.

—Siempre imaginé tu voz, pero hoy la oigo.

—Mira, mira, pero no como siempre hacia adelante, mira por fin hacia arriba.

—Ves.

—Te veo, por fin te veo y eres todo lo que imaginé. —Todo y mucho más.

—Ya veo, tu laberinto, veo como puedes salir, es tan fácil.

—Tan fácil ver tu salida.

—Tengo miedo de salir, hace años que este laberinto se convirtió en mi nido.

—Es el miedo al sol.

—No, es el miedo a saber que después de salir sólo nos podremos ver mirando hacia arriba. Nunca nos encontraremos.

—Sí, mi amor, pero por fin veremos los dos el mismo sol. Leeremos el mismo libro.

Capítulo segundo

Donde se explicará cómo el tiempo se hace cada día más pesado.

A los veinte años leí el cuento de Borges El jardín de los senderos que se bifurcan y desde entonces tengo una costumbre muy rara, siempre tomo dos caminos, por lo menos. Si tengo que llegar de A a B, elijo dos posibilidades, y cuando empiezo a andar por uno me imagino que estoy andando por el otro camino, y me imagino que el otro yo se está imaginando que ando por el camino primero. En dos o tres minutos ya no puedo saber qué camino he tomado, y es que he tomado ambos y he vivido en esos dos caminos.

Cuando Raquel me habla entiendo mis libros, en ellos apa recen escritores franceses que se llaman Moise, y otros que viven en Madrid, Moshe, Mois, Moise, nombres parecidos, nombres perdidos de mi vida. Ninguno de ellos son yo, y ninguno me es desconocido, pero todos son extraños. El día ese de agosto, ese día de verano caluroso en que dejamos Tetuán, podíamos haber llegado a todos lados, para Mois era todo un misterio. Se habló de Venezuela, las islas Canarias, Madrid, el Canadá y medio mundo, en esa mañana de un café con leche mal sorbido, de esa madrugada, y durante una hora iba Mois a todo el mundo. Hasta que llegamos a Ceuta no sabía que íbamos a Israel, sobre todo a los niños se nos prohibía pronunciar la palabra Israel en Marruecos, era Eretz, tierra, sin más, y era peligroso que alguien supiese que pensábamos emigrar, y sobre todo a Israel.

¿Qué pasó en esa hora? Ésa fue la hora de Mois, la verdadera hora de su vida, es como los que cuentan que perdidos en una cueva vivieron una hora que duró una vida entera. Esa hora fue una vida entera y en ella vivió Mois lo más importante de sus tres meses.

Raquel me pregunta si estamos los dos locos. Yo creo que sí, pero no de esos locos que viven en manicomios, locos peores, hemos entrado en una vida en la que el tiempo pesa tanto que lo hemos dejado de lado. Vivimos donde sólo los místicos pueden entrar, y ninguno de los dos somos muy místicos, estamos siempre buscando lo tangible, pero más bien buscamos esa realidad segura de la infancia en Tetuán, esa realidad que no fue nunca más que una ilusión, una ilusión como todas las realidades.

Raquel dice que cree que soy un gran seductor. Le dije que soy el peor seductor del mundo. Pero sé que tiene razón, ella habla de Mois y yo le hablo de Moshe.

A Mois le gustaban las chicas, desde que era un pequeño Moisito, a los seis años ya les echaba piropos como los grandes y siempre le gustaba bailar con ellas, cuando todos los chicos se avergonzaban, y le gustaba tocarles las tetitas recién nacidas, a los once y doce años, recuerda un fiesta que organizó con su primo a la que fueron sólo chicas y ellos dos. Mois bailó con todas las chicas, y cada una se molestaba cuando les metía mano, y decían no soy como las otras, pero siempre sonreían. Mois hubiese sido un gran seductor, probablemente, pero cuando Moshe llegó a Israel se convirtió en un preso total, nunca en realidad estableció una relación con una sabra, en los pocos casos que salió con mujeres eran siempre francófonas o hispanas.

¿Se puede cambiar tanto? ¿Puede un camino bifurcarse hasta tal punto que se creen dos personas completamente diferentes?

Pues ése soy yo. Cuando escribo en hebreo parece como si el mundo hubiera empezado en 1972, no es que no haya años anteriores, pero los anteriores también nacen en ese 1972.

A los cuarenta años, empecé a escribir en español y de pronto existieron años anteriores, lejanos e incluso anteriores al año en que nací. En español tengo historia, una larga historia de un milenio, soy sefardí, vengo de Granada o de Sevilla, o de Lisboa, y no sólo de Tetuán. En hebreo vengo de las nubes o de las cuevas de Nabucodonosor, algo espantoso y con muy poco sentido.

Raquel dice que tiene fiebre esta mañana, y es porque ayer vio conmigo todo el libro, y eso sí que da vértigo, en un segundo páginas y más páginas, palabras que se pelean como espermatozoides por llegar a la meta, miles de palabras como una tormenta en un océano.

Por eso, todas estas cosas del tiempo me vienen muy mal; lo que creo es que últimamente estoy viviendo al revés.

Bernardo me llevó al año 1983, pero no con eso se acaba la cosa, Raquel me lleva a 1982, el año en que viajé a París y a Madrid en busca de amor, de una mujer, y la pregunta que me formulo es cómo no vi a Raquel en Madrid, si para eso fui. Hace de esto exactamente veinte años, veinte, y vamos para atrás. Pero, ¿es que no la vi? Lo dudo, sí que lo dudo, seguro que nos cruzamos varias veces pero ¿cómo puede ser que no me fijase en ella? O sí, sí que me fijé, recuerdo muy bien esa cara, cada vez que veo su foto me parece más familiar, y si no en 1982, entonces en 1977, los años en que viajé para escaparme del servicio militar israelí, pero al final volví a esos desastrosos tres años de mili. Pero no podía verla, porque Moshe buscaba una mujer pero el que veía a Raquel era Mois. Y Mois ya en esos días en los que Moshe deseaba con todo su ser convertirse en un verdadero israelí y adoptaba la pronunciación sabra, en esos mismos días, Mois escribía poemas en español y metía ya palabras en haketía. Cuando Moshe descubrió esto, fue para él una gran decepción; toda su idea de que se podía convertir algún día en sabra, de que podía ser aceptado por su nueva sociedad, cayó en el vacío. Un vacío enorme, pero, como todos los vacíos, de pronto se llenó de poemas en español. Al principio eran poemas mal escritos, poemas que cojeaban, pero tenían algo de urgente, tan urgente que parecían hasta buenos. Muy rápidamente encontré una editorial que publicó un libro de poemas en España. Esto se comparaba muy mal con los quince años que me llevó encontrar un editor para que publicara mis escritos en hebreo. Y muy rápidamente se crearon amistades con escritores y poetas en toda España. Moshe se quedó todavía más aislado en Israel pero Mois llegó del pasado a salvarme, a darme un nombre. Desde siempre es Mois el que vuelve de un mundo paralelo, llora su muerte precoz y me dice qué pasos debo tomar para que los dos nos encontremos un día.

—Volaremos.

—Sí que volaremos.

—Sin aviones.

—Con palabras.

—Crearemos mundos enteros sin palabras.

—Crearemos hasta nuevas palabras.

—Y con ellas será más fácil volar.

—Sí, más fácil que andar.

—Y más fácil que vivir.

—Y más fácil que soñar.

—Serán palabras que se dirán una sola vez, una sola vez

en todo el tiempo.

—Sólo yo te las diré y sólo tú las escucharás.

—O sólo yo te las diré.

—Y todos los otros se pondrán muy celosos, se darán cuenta de que tenemos un secreto que ni siquiera nosotros recordamos.

—Y ese secreto se verá en nuestras frentes.

—Y nadie ya podrá ser el mismo, ni nadie podrá mentirnos.

—Ver nuestras frentes les impedirá mentir.

—Serán palabras muy largas, de cuarenta y dos sílabas.

—O muy cortas, palabras de media consonante.

—Y nadie las recordará.

—Pero en el olvido vivirá su fuerza.

—Y en el olvido nada muere

—La memoria es como el sol y el olvido es esa noche que lo aguarda.

—El sol tiene las horas contadas, pero la noche es eterna.

Capítulo tercero

En el que se hablará de cómo las palabras eligen al escritor y no el escritor a las palabras y de otras cosas que preferirían el silencio.

Raquel dice que no debo dejar de escribir en hebreo. Pero es la lengua hebrea la que me está dejando poco a poco. Como en toda mi escritura esto empezó por la poesía, todo empieza por la poesía. En 1998, de pronto la necesidad de escribir en mi lengua materna, lengua mamada, lengua mimada, era mucho más fuerte que yo. Las palabras me guiaban a pesar de mí, a pesar de mi pesar. Recuerdo una entrevista con Tahar Ben Jelloun en la

41

que le preguntaron por qué no escribía en árabe, y creo que dijo en estas palabras «la question est resolue», resolue, y yo me dije en ese momento, pues no, nada está firmado y nada está sellado. Escribí un poema en inglés, la primera lengua en la que escribí, y en él decía que no pararán ya las palabras en ninguna lengua, el poema se quedó en el cuaderno durante meses antes de que comprendiera su significado, era el anuncio de los poemas castellanos que lo iban a seguir.

Ahora el lector atento se preguntará por qué empecé a escribir en inglés. Pues porque el señor Mois quería escribir en español pero a los quince años no podía, y Moshe quería escribir en hebreo, pero tampoco podía, no tenía bastante conocimiento del hebreo y Mois había muerto. Quedaba la posibilidad del francés, ése era el Moise, el Moise de la clase, cuando el profesor o la profesora leía los nombres y verificaba si estábamos en clase, pero el francés fue siempre una lengua ajena; en el recreo todos hablábamos en español, y en ese mismo recreo vi por primera vez a Raquel, o tal vez antes. Su madre y mi madre eran íntimas amigas y tal vez hasta salían a pasear juntas por las calles de Tetuán con nosotros dos, y tomaban café mientras yo y Raquel nos comunicábamos por caminos extraños y ellas dos no se daban cuenta, caminos no más extraños que el Internet de hoy que nos parece algo natural pero que en realidad no es más que la realización del sueño de un místico del siglo quince. La gente se habla, se manda fotos a miles de kilómetros de distancia.

¿De qué hablaban esos dos bebés? A lo mejor se prometieron encontrarse después de tener cuarenta años, y se prometieron escribir libros fabulosos sobre la ciudad en la que nacieron y que sus madres querían dejar con tanto anhelo para descubrir un nuevo mundo. Se prometieron no olvidar aunque todos los otros quisieran olvidar, se prometieron llevar con ellos la memoria de todos los enterrados en el cementerio antiguo, llamado el cementerio de Castilla, los Corcos y los Castiel, los IbnDanan, los Hachuel, los Taurel, los Bentata, los Ben Walid, hombres y mujeres descendientes de conversos que volvieron al judaísmo para poder respirar aire donde todo era humo. Hoy te lo digo, Raquel, te lo digo, mi reina, lloro por ellos, lloro su dolor que llevo encima, en mis espaldas, son los que más me duelen. Después vino el protectorado y el dinero y con el dinero olvidamos nuestro haketía, pero sobre todo olvidamos ese judaísmo simple e inocente, ese judaísmo en el que Dios era uno de nosotros y uno de los nuestros, ese judaísmo en el que los rabinos no necesitaban imponerse y comprendían las condiciones en las que cada uno vivía, comprendían que éramos seres humanos, frágiles y pecadores. Vivo en ellos y ellos viven en mí. Eran esos rabinos los verdaderos intelectuales de nuestras vidas, y ellos nos pasaron ese judaísmo natural que nadie podrá alterar durante cientos de años. Allí, allí está mi dolor y allí mi felicidad, esa vela profunda de felicidad que nadie nunca podrá apagar. Y gracias a ellos siempre todo se acaba en mí por una sonrisa, esa sonrisa que es lo más verdadero de mí. Esa sonrisa que nadie podrá quitarme.

Con ese judaísmo llegué yo a Israel donde todo era dife rente, donde todos los judíos pensaban en otro Dios y otros rabinos, muy diferentes de los míos, y tal como no pude entender durante más de veinte años que algo aquí no era lo que esperaba, más difícil me es explicar esto a alguien como Raquel que vive en Madrid y nunca vivió en Israel.

Además me da vergüenza hablar de la increíble discriminación, y encima de todo eso siempre habrá un mel´ok antisemita que utilizará todo lo que digo para matarme a mí o a mi hijo, igual que siempre hicieron con los profetas y con Jesús, o con Otto Weiniger, porque lo peor del caso es que a pesar de haber sufrido una discriminación increíble soy lo bastante inocente como para no acusar a nadie de nada, y hasta entender de dónde vienen las cosas.

Por eso cuando Raquel me dice que debo dar clases en una universidad o ser editor no sé cómo responder, aquí alguien nacido en Marruecos o su descendiente es una persona que no puede, por definición, ser un intelectual. Debe ser alguien que haga trabajos manuales. Durante los años cincuenta, y hasta finales de los ochenta, a todos los judíos de países árabes los mandaban a escuelas profesionales para que fuesen carpinteros o electricistas, nadie podía pensar en esos días que un marroquí pudiese ser escritor o profesor de universidad. Al fin y al cabo hoy en día el triunfo del sistema es total, los mismos sefarditas te dirán que sus hijos no tienen por qué ser profesores de Historia. Las universidades se han convertido en círculos cerrados en los que sólo judíos de países europeos, los ashkenazim, enseñan o dirigen. Sí, hay algunas excepciones y si alguna vez dicen que hay discriminación, probablemente se verán despedidos en menos de un año, por razones administrativas, claro.

Todo esto viene de que el sionismo nació en Europa, en la misma Europa de razas del siglo XIX que considera al oriental alguien que no puede desarrollarse por sí mismo.

Los judíos que hasta hace doscientos años eran los orien tales de Europa se convirtieron por fin en Asia, en el Oriente Medio, en europeos, y aquí crearon un infierno que sólo hace empeorar la situación para toda persona no nacida en Europa.

Europa y sus fantasmas vinieron con nosotros. Y sus desprecios. Y sus tutelas. Y su eterna manía de sostener que los demás seguirán por siempre en la infancia, necesitados de una merienda y también, de vez en cuando, de un cachete.

— ¿Dónde está el jardín?

—Está en mi corazón.

— ¿Y qué hay en tu jardín?

—Tres árboles y una flor.

— ¿De qué color es la flor?

—Del color de tus senos.

— ¿Y qué árboles son?

—Hay un ciprés. Y los otros no los conozco.

— ¿Y quién anda en tu jardín?

—Andas tú, descalza.

— ¿Y qué veo en tu jardín?

—Ves una pájaro sobre un árbol, pero ya desapareció.

—¿Y me ves en el jardín?

—Te veo y no te veo. Verte y ya no verte. Pasas entre los árboles y no dejas de andar.

— ¿Y qué fruto dan tus árboles?

—No sé, pero todos los frutos son rojos y tienen el sabor de tus besos.

— ¿Y por qué te vas ahora?

—Es porque se me acabaron las palabras. Sin palabras desaparezco.

Capítulo cuarto

En el que se hablará de la poca diferencia que hay entre la literatura, la realidad virtual y lo que llamamos la vida verdadera.

Raquel dice que teme que nos encontremos. Yo también. Por el momento son sólo e-mails, y en realidad vivimos por fin los dos una relación completamente extraterritorial y extramundana, una relación literaria. La Raquel de los e-mails es la Raquel de las palabras, y Moshe es literatura. Nos paseamos entre las palabras y tomamos café en bares imaginarios. Pero ya hace bastante tiempo que dudo de todo lo que llaman material, paso por las calles y tengo la impresión de vivir dentro de una película. No sé cuándo todo cambió, y el mundo se me convirtió en literatura, a veces quiero despertarme de este sueño pero ¿qué pasa si en realidad lo anterior era el sueño y ahora estoy en la realidad?

Todo lo que veo es intangible, todo es no sólo lo que imagino ver, todo el mundo existe únicamente en mi imaginación, en mis libros. No, no hay nada que pueda demostrarme lo contrario. Cientos de libros de filosofía no me podrán convencer de que es la más lógica posibilidad. Cada uno es Elohim y cada entidad crea su mundo y lo maneja como puede, y a lo mejor como quiere.

Por eso vivimos entre libros, Raquel y yo, vivimos entre libros al igual que las palabras viven entre hojas, somos dos libros que se comunican como se podría comunicar un capítulo de Finnegan´s Wake con un capítulo de Le Livre Des Questions. Como ellos, se hablarían con palabras, se mandarían e-mails y crearían un mundo. A lo mejor se mandarían fotos para no perderse entre la realidad y lo que parece no ser realidad.

Hoy publicaron un artículo sobre uno de mis libros en el periódico israelí Haarets, otro en contra, como la mayoría de ellos. Pero, ves, sólo lo leí y no más me reí hasta un poco, era Mois, si cada tres meses escriben un artículo contra mí un día seré muy famoso. Pero la razón por la que este artículo no me provocó una depresión total de tres o cuatro días es simplemente porque estoy escribiendo este libro. Porque cuando escribo ya no vivo en ese mundo fuera del libro, cuando escribo vivo en el libro, y cuando vivo en el libro, poco entiendo sobre ese otro que se llama Moshe y que se pasea por las calles entre libros, no entiendo ni qué quiere ni cómo vive, no entiendo su cuenta de banco, ni en qué trabaja. Se vuelve por unos meses un extraño total. A veces lo veo por la tele hablando de mis libros, de éstos que estoy escribiendo y pregunto de qué estará hablando este tipo y por qué se creerá que si me escribió me conoce mejor que otros. Sólo Raquel me conoce, y no la Raquel que está casada y que sale todos los días de compras y que prefiere las faldas rojas a las marrones, no, no ésa, es la Raquel de las novelas sobre Tetuán, de las novelas que ha escrito y de las que escribirá, es la Raquel de los poemas y de lose-mails, es la Raquel que existe y se crea de letra en letra, es su esencia verbal y la MÍA las que se encuentran.

En eso estaba yo mientras leía el artículo y verificaba si Ra quel me había enviado algún e-mail ayer o esta mañana, pero no, sigo esperando mi ración diaria. Creo que ella también, pero yo respondo rápido, quiero saber qué responde. De allí se crean estas palabras, la realidad virtual que crea un libro, que después se paseará por las calles y que la gente leerá en bares con computadoras que pueden comunicarse con otras en otros países, y esto es una maravilla, poder hablar con el mundo a través de palabras que se escriben por sí mismas, palabras que llegan de un continente a otro y nunca olvidan Tetuán.

Raquel dice que en las novelas los personajes deben cambiar, pero esto no es una novela, es un libro. En el libro los personajes son palabras y no aspiran, como en las novelas, a dar la ilusión de que forman parte de los humanos. En los libros, los humanos quieren formar parte del libro. En esto está toda la diferencia entre la mística judía y todas las otras místicas, en la Cábala el hombre es letras y las letras forman palabras.

Las palabras forman libros y los libros son las ciudades donde viven los hombres. La Cábala nunca se aleja de las palabras pare llegar a Dios, como hacen los otros místicos, creo que la única forma de llegar a Dios es a través de las palabras, la palabra hoja es más importante que la hoja en sí, y la palabra hoja, y las letras h-o-j-a son las que crean la verdadera hoja.

Por eso en este libro los humanos sólo aspiran a una cosa, a ser palabras y letras, no una sola letra, si no dos, dos letras crean ya un mundo. Los sábados está prohibido escribir, como toda otra creación, pero lo que está prohibido es escribir dos letras, una sola letra está permitida. Dos ya son una palabra, y una palabra es el comienzo de un mundo. Por eso un día, hoy, seremos todos Elohim, Elohim, la fuerza creadora del mundo, «Elohim encabeza, creo, a los cielos y a la tierra», Elohim es la fuerza creadora del infinito, y esa fuerza creadora seremos nosotros un día cuando sepamos juntar una letra con otra, una palabra con otra.

Por lo tanto la vida verdadera, para el judío, es la letra, es la palabra y es el libro. Sin el libro uno no puede ser judío, sin el libro uno no puede pensar el judaísmo.

—No hay salida.

—En el tuyo tampoco.

—Pero no quería decírtelo, sólo hay puertas y más puertas, y más cuartos, son diferentes pero no hay salida.

— ¿Y por qué no me lo dijiste antes?

—Para no decepcionarte, como tú.

—Hay sólo una salida, es hacia el cielo, si bajo mis manos podrás darme las tuyas y venir hacia mí.

—Sí, pero entonces estaré en tu laberinto, o tú en el mío.

—Juntos podremos conocer muchos cuartos, y muchas puertas.

—Sí, pero entonces, entonces no podré conocer el mío, sólo podré conocer el tuyo.

Capítulo quinto

En el que se contará por fin cómo Raquel y Moshe se encontraron.

Raquel dice que llegó el primer e-mail de Moshe justo cuando había decidido elegir vivir. Y Moshe que pasaba en esos momentos días duros, y sufría del reencuentro de su mujer con su ex-amante, la pérdida de su trabajo, meses de paro, creía sólo en los milagros. Moshe tenía en esos días dolores de espalda terribles y fue a un quiroterapeuta, pero sabía muy bien que sus dolores en la cervical sexta y la séptima eran sentimientos que no podía expresar, dolor que no salía y llantos de lágrimas no lloradas.

Mi madre estaba en el hospital después de un ataque de asma, y un día llegué y me dijo que la madre de Raquel estaba por casualidad en Jerusalén y venía a traerleun libro quesu hija había escrito. La madre de Raquel y la de Moshe habían sido íntimas amigas hasta que ésta se casó. Siguieron amigas también después, pero las cosas se enfriaron un poco, porque el padre de Raquel fue anteriormente un pretendiente de su madre. El abuelo de Moshe se opuso a este matrimonio, porque consideraba que el padre de Raquel no tenía bastante dinero. Esto pasó en los dos años en los que mi padre, el novio de mi madre, se pelearon y después volvieron a salir y se casaron.

Bueno, así llegó Raquel, tocaya de mi madre, a mí, en forma de libro. Era éste su primer libro. Y cuando lo leía, no podía salir de la sensación de que era yo mismo el que estaba escribiendo el libro. Eran los mismos personajes que en mis libros, los mismos personajes que viajaban en busca de una familia judía o convertida del siglo XVI, y que viajaban a Tetuán en busca de los últimos judíos en nuestra ciudad natal.

Estuve durante días desesperado buscando el e-mail de Raquel, toda una eternidad de dos semanas, hasta que mi madre me dijo que Raquel era la productora de un programa de televisión y me dio el e-mail del programa, que me llevó a ella.

La sensación más extraña del libro era la de poder sentir la piel de Raquel mientras escribía. Mil veces me dije que si traducía el libro al hebreo y se lo presentaba a mi editor me diría que lo escribí yo mismo y que no es un libro traducido, si le muestro el original en español me dice que lo he publicado con pseudónimo, y si sigo discutiendo con él estoy casi seguro que me convence de que tiene razón y que yo mismo escribí el libro.

Las palabras nos cruzaron en ese mismo momento en el que los dos decidimos que queríamos vivir, no es que estuviéramos a punto de suicidarnos, pero es uno de esos momentos en los que uno decide que esto no puede ser la vida, que la vida tiene que ser más, que queremos más de la vida, que queremos más vida.

Después empezaron los e-mails de ida y vuelta por medio mundo, y finalmente es evidente que antes de que Raquel se fuera de Tetuán nos encontramos, ya cuando éramos niños, seguro que nos vimos en Madrid varias veces pero ¿es que somos los dos tan tímidos, el uno como el otro? ¿Es que nos parecemos tanto? Probablemente ésa es la razón y la capa que hemos construido para seguir en este mundo, una capa hecha de pasado, y de futuro, una capa que vive en las juderías de Sevilla y de Toledo, una capa a la que todos atacan diciéndonos que hay que vivir en el presente, cuando bien sabemos que el futuro es el pasado y que los otros no se dan cuenta, no sólo no se dan cuenta, sino que además es imposible explicarles por qué.

Y llegaron las cosas raras, Raquel nació el mismo día que mi hermana, su hija el mismo nombre que mi mujer, su marido el mismo que mi cuñado, su hijo el mismo que el mío. Se podría hablar de probabilidades, pero eso tiene poca importancia, todos los milagros son probables, pero en estos nombres finalmente lo que se encuentra son dos trayectos paralelos a través del mundo y la prueba tangente que dos líneas paralelas se pueden encontrar si se buscan.

Raquel dice que leo sus pensamientos con mis poemas. Yo digo que no hay ningún pensamiento que no hayamos pensado juntos.

—Somos dos islas.

—Nos acercamos lentamente.

—Dos islas nunca se encuentran.

—Las nuestras se encontrarán.

—Y entonces seremos una isla.

—Y el mar será nuestra casa.

—Viviremos del sol y de la sal, los peces serán nuestros poemas.

—Nadie ya querrá leer ni oír voces.

—Voces de voces seremos y de voz en voz venceremos. —Las olas nos traerán libros y cuentos del mundo. —Ellas llevarán nuestras palabras a las ciudades de los hombres.

—Nadie sabrá quién las escribió.

—Creerán que el mar escribe poemas, que las islas cuentan cuentos, creerán en todas las sirenas de todos los cuentos. —Creerán que las olas saben escribir.

—Aprendí los mejores poemas de las olas.

—Un día seremos, un día ya somos una isla.

Capítulo sexto

En el que se hablará de técnica, de literatura y de pájaros sanguíneos de ultramar.

Raquel dice que debo aprender más técnica. Y enseguida lo que pienso es que lo que quiero es volver veintidós años atrás, casarme con ella, tener tres hijos y después de diez años de casados emigrar de Madrid a Jerusalén. Me gustaría saber si hay alguna técnica para eso. Ella dice que aprendió mucho sobre cómo escribir diálogos, de lo que es el narrador, y yo lo que pienso es que lea a Jabès para saber que de diálogos nadie sabe nada. A través de más de quince libros los diálogos de Jabès son desesperantes y maravillosos a la vez, nunca nadie responde o sigue el pensamiento del que habló antes. Hay una sola excepción y es al principio de «*Un étrangeravec, sous le bras, un livre de petitformat»*, de pronto cuando habla de un extranjero sí hay un diálogo.

¿Querrá decir que sólo cuando dos personas hablan de una tercera persona foránea a ellos se puede crear un diálogo?

Pero ya hablando de literatura y técnica, es algo que hay que aprender a odiar después de aprendido, es como aprender a pintar. Después de que uno sabe utilizar todas las técnicas el gran trabajo es encontrar tu propia voz. Y yo lo que busco es más bien una cosa muy alejada de lo que se llama literatura, pero tampoco es antiliteratura, porque vendría a ser lo mismo. Busco una escritura vital, que salga directamente de la garganta, que sea como llorar o reír, como respirar o mear, algo básico, algo que no imite a la vida, algo que no analice la vida, o que se escape de la vida. Una escritura que sea la vida en sí, que sea parte de la vida y nada más ni nada menos.

Pocos libros llegaron a eso, y al final vinieron los académicos y los pasaron por una red hasta que esos libros se convirtieron en literatura. En el momento en que

TristramShandy se convirtió en un clásico perdió el encanto de encontrar una edición de segunda mano en alguna casa y descubrir a uno de los únicos originales de la literatura, Bukowski es uno de ellos, y lo bueno que tiene es que sigue siendo odiado por muchos, sobre todo escritores serios, Buk, te deseo que esos te odien muchos años más, eso da más vitalidad a tu obra, Kertész es el último en esta línea que descubrí y aunque le dieron el Nobel sigue siendo impresionante, donde te enseñan a repetir frases dos veces, sin ninguna razón lógica, menos la voz íntima que sale del escritor, o quién te enseña y dónde a repetir tres veces por página a decir «evidentemente», que es lo que yo hacía hace años y me lo criticaron tanto que lo dejé, evidentemente.

Raquel pregunta cuál es el jardín de Moisito, dónde y cuándo se perdió, qué sabía del mundo y qué no sabía. Yo creo que lo mejor es preguntarle a él mismo.

Raquel dice que soy un volcán. A veces no puedo acaparar todas las palabras que flotan en mí y quieren salir. ¿De dónde vendrán todas esas palabras? ¿Serán una llamada antigua de todos los que no hablaron? ¿Y por qué me eligieron a mí?

Voces que vienen de siglos de barbarie, de siglos de opresión, de siglos sin palabras, de muertos sin voces, de recién nacidos silenciados por vida. Todas esas voces flotan en la estratosfera y yo, soy yo el que las capta, mejor que las voces que me llegan de los vivos y que me hablan, me hablan siempre de cosas que no entiendo. Pero a Raquel sí que la entiendo, ha estado oyendo estas mismas voces desde hace tiempo. Las mismas voces de los mismos muertos que siguen pidiendo ser oídos por los vivos.

—Nos encontraremos en un aeropuerto.

—Dichoso aeropuerto.

—En Roma o en Madrid, en Tel Aviv o en Nueva York. —Desde lejos tu sonrisa se escapará, y la mía reirá para toda la sala.

—Y los turistas no sabrán por qué están tan contentos, de dónde viene tanta alegría en sus corazones.

—Los ciegos se pondrán a ver y los mudos a hablar, los paralíticos a andar, de sonrisa en sonrisa, de carcajada en carcajada el mundo entero empezará a reír.

— ¿Sueñas?

—Sí. Ése es mi sueño: que los enfermos se reponen, los paralíticos andan de sólo verme, sin saber que la salud les viene de mi luz. En mi sueño soy luz.

—Y dejaré ya mis maletas para el que las quiera.

—Porque no habrá ninguna necesidad de ropa.

—No habrá necesidad de tiempo.

—Ni de espacio.

—Ni de aeropuertos para viajar.

—Estaremos en todas las ciudades del mundo juntos, nos encontraremos en varios sitios a la vez, en varios siglos a la vez.

—Te veré en Lucena.

—Te abrazaré en Tetuán.

—Te besaré en Granada.

—Te amaré en Jerusalén.

—Y ya nunca más diremos el tiempo, el espacio, nos separa. Ya nunca hablaremos de barreras, todas imaginadas por nuestra mente demente y limitadora. La mente que limita será la mente que expande.

—Y ya nunca diremos somos hombre o mujer, y ya nunca diremos que no somos uno, y ya nunca sabremos qué es la separación o la añoranza.

—Y desaparecerá la palabra separación.

Capítulo séptimo

En el que se encuentran fuera del tiempo, Moshe, Mois y Moisito.

Los encontré mientras me bañaba con aceites esenciales, los dos juntos, uno grande y otro chico, a través de un cristal.

Mois: Hola.

Moshe: ¿Como estás?

Mois: Pues no muy bien, ya ves.

Moshe: ¿Por qué eres tan chiquito, más chico que Moisito, que ríe allí en su rincón?

Mois: Pues porque sólo tengo cuatro meses de edad, el

Moisito, mi amigo tiene ya doce años y medio.

Moshe: ¿Y te gustaría crecer?

Moisito: Yo también quiero crecer.

Mois: Bueno, sí que me gustaría, aunque ya me he acostumbrado a ser chico, a vivir esta vida, esta no-vida, o esta

media-vida.

Moshe: ¿Y cómo te gustaría crecer?

Mois: No sé, sobre todo me gustan las chicas, me intrigan, las quiero a todas, quiero que rían conmigo, quiero ir mucho al mar, me gustan los guateques, bailar, me gusta mucho reír, tomar el pelo a la gente y después reír.

Moisito: ¿Y quién eres tú para preguntarle estas cosas? ¿No ves que no puede ya crecer y sólo le estás dañando? Moshe: Soy Moshe.

Mois: Ah, Moshe, el de Tefilá.

Moshe: Bueno, sí, ése también, soy el Moshe que tomó tu sitio, Mois, después que tomaste el de Moisito.

Moisito: Sí, y se le pasó el asma, justo a los doce años, pero a causa de todas esas vacunas se quedó muy chico, ya ves. Moshe: No, no es ésa la razón, dentro de un día todo va a cambiar, Mois, te vas a Israel y todo va a cambiar.

Mois: ¡De verdad! A Israel. ¡Qué maravilla!

Moshe: No tanto, ya ves, te quedas chico y nace Moshe, soy yo, desde que dejaste de crecer nací yo. No me gusta bailar, soy muy tímido, me asustan las chicas, y en vez de ir a la playa escribo poemas.

Mois: ¡Tú estás chiflado! Pero de remate, y por qué no te gustan las chicas, es que te has vuelto marica o qué, no te gustan las chicas, sí, claro, eso que se lo cuenten a mi tatarabuelo que murió y no volvió, le sigues tomando el pelo a todo el mundo, como siempre.

Moshe: Bueno, sí me gustan, pero soy muy tímido. Mois: ¡Tú tímido! Mecachis en la mar, tú tímido, menuda broma, eso sí que es una broma.

Moshe: Es que no entiendo a las chicas aquí, aunque hablo muy bien hebreo, pero no sé qué quieren, para dónde van, no son como las que conoces tú en Tetuán, cada una dice que no quiere que le toques las tetitas como a las otras pero siguen riendo.

Mois: Menos Raquel.

Moshe: Raquel, sí, se fue hace ya cinco años.

Moisito: Sí, pero no te acuerdas que le prometiste comprarle todo el mar para ella sola.

Moshe: Así que se llamaba Raquel, se llamaba Raquel, se fue después de la guerra de los seis días, ¿y qué dijo ella? Moisito: Dijo que le traigas el mar a su casa cuando tenga dieciocho años.

Moshe: De verdad, y a mí todo eso se me olvidó. Mois: Has olvidado demasiado, debe ser esa tontería de escribir poemas. ¿Para qué?

Moshe: Quiero comprender, Mois, comprender dónde se rompió todo esto, dónde desapareciste.

Mois: Pero, chico, yo ya no puedo crecer, sabes, tú tienes que hacer tu vida.

Moshe: Allí está el problema, cómo puedo hacer mi vida sin ti, si estás aquí debajo de este cristal.

Mois: Ah, eso, si puedes romper el cristal, habrá más aire aquí.

Moisito: Más aire es menos asma, a veces es lo contrario. Moshe: Me duele la espalda.

Mois: Es porque llevas mi memoria en ella, déjame bajar, deja a mi memoria bajar.

Moshe: Bueno, poneos de lado, rompo este cristal. Mois: Pero lo mismo sin cristal no puedes acercarte a nosotros, esta clase de encuentros son muy peligrosos si nos tocamos.

Moshe: Pero, ¿y dónde está Raquel?

Mois: Te está buscando.

Moshe: ¿Todavía?

Mois: Ella quiere su mar, y tú se lo prometiste, ahora tienes que llevarle el mar, siempre cumplías las promesas, ¿qué te habrá pasado?

Moshe: ¡Ah ! Eso sí, sigo cumpliendo con todo lo que digo, lo de Raquel se me olvidó.

Era muy chico, hace años. Moisito: Pues, ves, a ella no se le olvidó.

Moshe: Tendrá mejor memoria.

Mois: Sí, eso sí, muy buena memoria no tengo, me olvido los chalecos en todos lados y entonces mi madre... Moisito: De todas formas grita, así que no tiene mucho que ver con los chalecos.

Mois: ¿Por qué gritará tanto?

Moisito: Porque así son las madres.

Mois: Pero yo es que no puedo soportar esos gritos. Moisito: Y te crees que yo sí, te crees que alguien puede. Moshe: ¿Y por qué no le decís que deje de gritar? Mois: Me espanto cuando grita, díselo tú, tú ya eres mayor, díselo tú que deje de gritar.

Moshe: Bueno, se lo diré.

Moisito: Es muy importante que deje de gritar, por el asma, después en los partidos de fútbol siempre me ponen de portero o en la defensa, y yo quiero también atacar, ¿comprendes por qué esto es muy importante?

Moshe: ¿Sigues de portero?

Mois: Sí, y yo sigo jugando al tenis.

Moshe: Vais a Restinga, a Kabila, a veranear.

Mois: Cuando las cosas van bien y papá y mamá tienen dinero, hay años que no tienen, pero siempre vamos un poco, con los tíos, o con los abuelos.

Moshe: Ves, eso sí que desapareció en Israel, los veranos largos, los matches de tenis, el ping pong, todo eso no existía en Israel en ese tiempo.

Mois: ¿Y qué haces allí en verano?

Moshe: Vamos a la playa, pero de tenis nada. Además me volvió el asma tres años después de salir de aquí y fue todavía más duro.

Mois: Las vacunas no te ayudaron.

Moshe: No, ni a mí me ayudaron los médicos, ni a nuestro hermano pequeño.

Mois: ¿Y qué le pasó?

Moshe: Murió, un año después de que nos fuéramos. Mois: ¿Y qué pasó con los milagros que curan todo en Israel?

Moshe: No hay quien entienda a Dios.

Mois: Y yo que tenía tanta ilusión de irme a Israel y soñaba con que iba a curar a todos, a ti, a toda la familia. Moshe: No hubo más que decepciones.

Mois: Pero, de todas formas, era la buena decisión, ya verás.

Era la buena y única decisión. Son cosas que se saben de dentro, por eso todo lo que queríamos era ir a Israel, mamá tenía razón, la última diáspora, el último exilio, de aquí sólo a Israel. Moshe: Pero aquí también es un exilio. Mois: Sí. Es un exilio, pero es el último.

— ¿Te acuerdas del pobre con chilaba que pedía limosnas al lado de la escuela?

—El de la esquina.

—Dos esquinas y en medio la escuela, la puerta metálica negra.

—Me acuerdo que corrías a darle una moneda antes de que cerraran la puerta, llegando siempre el último a clase.

—Quería dormir un poco más, en mis sueños siempre estabas tú.

—Bailaba.

— ¿Te acuerdas de las reglas con las que nos pegaban en las manos?

—Y decían «Met la main» y después la mano automáticamente iba hacia atrás cuando la regla se acercaba.

—Y otra vez «Met la main» como si lo más normal fuese que a un niño le gustara recibir palos.

—Y todavía tenemos una buena memoria de esa escuela.

— ¿Quiénes somos?

—Somos los de la memoria.

—El pasado es ese cuento que cambia sin parar.

Capítulo octavo

En el que se hablará del viaje inminente y el miedo que tengo a tomar decisiones.

Raquel dice que debo viajar a Madrid. Dice que mi español mejorará y que tenemos que hablar de muchas cosas. La idea era mía. Hace años que pienso en un viaje de verdad, como hacían los antiguos, viajes de muchas maletas y de largas estaciones.

Shelley y Byron, viajes de un año. Yo pensé en tres meses, que no es tanto, pero comparado con los de dos semanas es una época en la que se puede sentir una ciudad.

Cuando Raquel se puso a materializar mi idea me eché atrás, como siempre. Como cuando le propuse a mi mujer que nos casáramos, y ella dijo sí, pero un sí rotundo, sí, y nos casamos en dos meses. Entonces dije bueno, no tan rápido, no tan rápido, podemos esperar un poco.

Pero ella añadió si ya lo hemos decidido para qué esperar. Bueno, nos casamos en tres meses, un 25 de diciembre, y ayer festejamos diecinueve años de casados en un restaurante en frente del mar en Tel Aviv. Yo pensaba en Raquel y el mar que no ve en Madrid, le mandé un poco del mar Israelí, que no es el Mediterráneo pegado al océano que conocimos en Marruecos.

En estas cenas de aniversarios de matrimonios siempre estamos muy serios. La verdad es que no sé por qué, pregunté a mi mujer pero no respondió. Nunca fuimos una pareja de inviernos, nos alejamos todos los diciembres para volver a florecer en marzo. Puede ser que la fecha en la que nos casamos tenga algo que ver con esto.

Vamos, dos judíos no se casan el día en que nació Jesús. Pero eso es lo que pasó, nos fijamos en la fecha hebrea, y cuando llegamos al hotel a fijar la fecha teníamos que elegir entre tres días, y caímos en un domingo soleado de invierno.

Ayer llovió mucho por todo el país.

Mi mujer dice que debo viajar y conocer a Raquel, aunque puede ser que sea peligroso. Raquel no ha contado nada a su marido, dice que es celoso. Yo cuento todo a mi mujer, hasta la amante de una semana que tuve hace tres años, pero se lo conté seis meses después de que se acabara. Debo estar loco, pero pensé que pase lo que pase debía contárselo todo, porque sentía que no podía seguir con ella si no sabía lo que había hecho. Se lo tomó bien, bueno, demasiado bien, un poco de celos me hubiese agradado. Un poco, no mucho.

Ahora estoy yo aquí aceitando, aunque un pajarito ya hace meses me dice sin parar que debo oír lo que me dicen las mujeres. Pero a mí lo que me gusta es que las cosas pasen.

Hay un verbo fabuloso en haketía, Ketbear, viene de la raíz semita KTB, escribir, y fue españolizado por los judíos de Tetuán, quiere decir lo que se escribe. Así mi abuela siempre decía que los viajes son cuando se ketbean, y no hay nada más real en mi vida.

Todos los viajes de mi vida siempre fueron inesperados, cuanto más los planifiqué menos salieron, los mejores fueron los decididos por otros, invitaciones, casas vacías, impulsos irracionales, pero heme aquí que estamos hablando de conferencias, de qué temas podría hablar. No entiendo por qué la gente cree que un escritor debe ser un buen orador. No es que sea tan malo. ¿Pero qué tendrá que ver escribir enfrente de una computadora solo, con hablar ante cincuenta o cien personas a la vez? Pero bueno, no será malo dar unas conferencias si eso me ayuda económicamente a poder viajar.

Y lo que pasa es que en las pocas conferencias que doy aquí se forman líos enormes.

La mayoría de las veces hay alguien que me quiere mandar a un manicomio, a cinco o seis les basta con un buen psiquiatra y a la mitad del público está convencido que estoy loco pero no les importa lo que haga, sólo salir de la sala y no verme más. Cada vez que doy una conferencia pierdo unos treinta lectores, así que quizá sería mejor que me callara, pero es algo que no sé hacer. Y si alguien me dice algo siempre digo lo que pienso. Eso es algo que no sé desde muy pequeño, desde muy Moisito, y siempre decía a los profesores lo que pensaba y muchas veces llegué al despacho del director. El cuarto se dice del dormitorio.

Bueno, si el viaje es inminente, se hará dentro de dos meses, antes de finales de febrero. Un pájaro me dice que no hay nada más bello que la primavera en el Retiro, y sobre todo andando con Raquel a mi derecha.

—Quiero oír a ese niño que ríe, me gusta ese niño.

—A veces le veo paseándose por las calles, pero muchas veces lo que está es asustado, le asustan los gritos, los palos, los gritos más que los palos.

—Yo le veo corriendo en la arena, nadando en el mar, más lejos que los otros.

—Allí sí ríe, pero todavía sobre su risa oye gritos. —Los oye por todos lados.

—Pero no había tantos.

—Puede ser, pero él los oía más que los otros, era más sensible a los gritos, eso es todo, unos son sensibles al sol, otros a los gritos.

—Juega en el recreo en el patio de la escuela.

—Y le es difícil correr, le es difícil respirar y vuelve a la clase jadeando.

—La profesora que le dijo que le molestaba el ruido de su respiración.

— ¿Y por qué se acuerda de todo eso? ¿Por qué de todo lo injusto?

—Es demasiado sensible a todas las injusticias.

— ¿De dónde le viene eso?

—No se sabe, son cosas que pasan.

—Uno en cien o en mil, se molesta por las cosas injustas. —Y eso nunca cambia nada.

—Ni cambia nada, ni deja las cosas igual, es una estadística, uno de cada tantos sale así, como cualquier otra sensibilidad.

—Sí, pero ese cualquier otro soy yo.

—Y yo.

Capítulo noveno

En el que se hablará de preguntas que tienen
muchas respuestas pero que ninguna de ellas
tienen sentido.

Raquel vive en Madrid. Días enteros, días largos, me paso preguntándome por qué mis padres se fueron a Israel y no a Madrid, y no a España. Y tengo todas las respuestas, tengo todas las razones, desde las más capitales hasta las más mínimas. Pero después de todas las respuestas la pregunta sólo se agranda, de una luna se vuelve en un sol. No, papá y mamá, son cosas que no se hacen, no se va uno con sus hijos y decide uno por ellos que vivan en un planeta diferente, en una cultura ajena totalmente a toda la educación que les habéis dado, en un país al que nada nos preparó para afrontar. Son ya años de intentos, de psicoterapias, de miles de tratamientos pero sigo sin dar con la clave de esta sociedad, y no es por falta de intentarlo. Es porque lo que me piden es que me corte las piernas y las manos para ser uno de ellos, es que me piden que me quede sin pasado para ser uno de ellos, y no es que no quiera, es que no puedo. Es que cosas así no se hacen, queridos padres.

En 1994 publiqué mi primer libro Coplas del inmigrante y por un segundo, por el tiempo en que un rayo de sol invade un cuarto oscuro, por un momento creí que había encontrado una llave, no la llave exacta, pero sí una llave que después de mucho manejarla llegaba a abrir una puerta, ni siquiera la puerta pero una puerta. No me daba cuenta que los que me leían me miraban como un enano en un circo, o como un antropólogo ve una nueva tribu en Australia. Un año después del libro, mal alabado y mal leído, me di cuenta que estaba en el mismo pasillo y que nunca me abrirán la puerta si no es para decirme que no hay sitio. El segundo libro, tres años después, pasó ya desapercibido, y me llevó al sentimiento más fuerte de exiliado que sentí en mi vida, que un año después me indujo a escribir mis primeros poemas en castellano, y el español de mis abuelos se volvió en el único consuelo posible dentro de mi ajenidad desesperada e incurable. Lo peor de todo era la burla del dolor, la burla y la risa del manco de circo en que me volví. Sí, mamá, sí que fui fuerte para no mostrar mis lágrimas, fui fuerte, como me educaste, y les dije estas tierras, y este país, no son menos mías que vuestras y no las lamentamos menos en nuestro exilio, sí que fui fuerte pero ya no soy tan fuerte, ya no, ahora lloro, ahora lloro por mí y por todos los que soñaron con un pueblo judío, único en la ciudad de Jerusalén.

Acuso al sionismo y a su locura de mandar mensajeros a convencer a mis padres que aquí iría bien, qué fue bien, qué, me pregunto ahora, el único que lo entendió fue mi hermano que se fue a los veinte años a Londres, pero yo no entendí, creí que era una lucha normal de un inmigrante y que todo era cuestión de tiempo. Pero el tiempo sólo me hizo sentirme peor, más ajeno y más alejado de todo lo que las calles me dicen, de todo lo que los judíos israelíes me dicen.

Vinieron las cartas, las cartas que al principio las tiraba, cartas burlándose de mi dolor y acusándome de todos mis problemas, el problema soy yo, sí que soy yo, el que trae la noticia de que algo va mal siempre fue el problema. Como esa carta diciéndome que lo que tengo que hacer es un cambio de sexo, y convertirme de sefardí en israelí, y preguntándome qué necesidad tienen estos locos de escribir tales cartas, o de llamarme por teléfono y hablarme durante una hora sobre por qué loco estoy. Y yo sí, muy cordial, respondiendo a las preguntas en vez de cortar el teléfono. A veces, me río de todo esto, pero por dentro me duele. La comedia es una tragedia para el actor que la vive. A veces estoy por encima de todo esto, sobre todo el día en que estoy satisfecho de haber escrito un poema bueno, de haber hecho algo. Pero dura poco y el poniente calmado siempre dura poco y las olas vuelven a pegar sobre la arena, y la arena vuelve a enfriarse.

Pero, sí, al admitir hace cinco años mi situación de eterno inmigrante, de ser un país de una persona, de ser el inmigrante eterno de ese país, he encontrado un cuarto para mí en esta casa que se llama la tierra, un cuarto chico y sin ventanas, pero con puerta y con llave.

Algún día tendré que aprender a salir de este cuarto.

—Las golondrinas no volvieron.

—Y las promesas de nuestras madres no se cumplieron. —Las cigüeñas dejaron de traer niños.

—Pero yo sobre todo esperaba a las golondrinas, volverán o no volverán.

—Pero volvió el poema, volvieron las palabras. —Volvieron las palabras y no se fueron más, más y más golondrinas hasta que llenaron nuestras vidas, y no dejaron sitio para ningún otro pájaro.

—Volaban y vuelan en nuestras páginas, traen palabras del cielo, y llevan palabras a los muertos y a los que van a morir.

—Los últimos tetuaníes.

—Y esos somos nosotros, eso es lo único que somos, los últimos tetuaníes.

—Ninguna golondrina nos llevará de vuelta a Tetuán. Porque Tetuán ya no existe. La Tetuán judía ha muerto.

—Las águilas festejarán allí nuestras memorias, las águilas se quedan siempre con los restos, se quedan con lo mejor.

—Las mismas águilas que nos llevan a otra tierra, las mismas águilas que atacan a las golondrinas que se fueron y no volvieron.

—¿Quién está en casa ahora? ¿Quién corre por los pasillos que crearon nuestros pasos?

—Otros niños que volarán un día de esas tierras que no soportan humanos, volarán con un sueño roto, un juguete nunca sacado de su caja, y una cara de turista eterno.

—Con ese rostro te vi un día en Madrid, en una esquina, y me dio miedo porque estaba viéndome a mí mismo, y, tú miraste al otro lado, como si en la otra esquina estuviera la respuesta.

—Dame esa mano, dámela, andemos juntos, dos mancos, una mano derecha y una izquierda, sólo juntos podremos aplaudir nuestro largo viaje.

Capítulo décimo

Y por qué el Mediterráneo no podría ser el mismo sin mi mirada.

Raquel me dice que le gusta el mar. Y me pregunta qué me gusta. Me gusta el mar, y me gusta la palabra mar, porque es femenina y masculina, femenina cuando las olas se van y masculina cuando las mismas olas penetran la orilla. A veces se acarician y a veces se golpean. Y yo le pregunto cómo hace en Madrid cuando siente necesidad de ver el mar, y me dice que mira al cielo, y el cielo en Madrid es un cielo marítimo. Y yo sueño con paseos con Raquel por Madrid, quiero ver la ciudad a través de sus ojos, que me guíe por sus callejuelas, y a su gran vía, ver dónde se para y en qué café bebe su café y dónde compra los libros y los discos y qué cuadro le gusta en qué museo.

Pero a mí lo que me gusta son las palabras, hay palabras que me gustan mucho, y otras menos. La palabra ensimismado, por ejemplo, adoro la palabra ensimismado porque es intraducible, y además veo al ensimismado a través de las letras, en-si-misma-do, me recuerda la palabra Bohu en hebreo, que designa el Caos, el caos de la Creación, pero en ella está un poco del ensimismado, es el caos que va hacia adentro, Bohu en hebreo quiere decir adentro está él, que es diferente del Tohu, el caos que uno ve hacia afuera. Peor, nada como ensimismado. Y veo ya la cara de ese pobre traductor, intentando traducir este pasaje, al inglés, al francés o al hebreo. Lo siento, pero es que me gusta demasiado la palabra ensimismado.

Hay otras palabras en haketía, como Ketbear, o Hhokear, o Selkear, todos verbos que toman una raíz hebrea y con una varita mágica se convierten en verbos castellanos.

Yo, cada vez que necesito al mar, subo al autobús y llego a Tel Aviv, allí siento que me regenero y puedo ver un poco la orilla de enfrente, la de Marruecos en la que me bañé por primera vez, como una lengua materna, una mar materna, siempre será ése el mar con el que todos deberán ser comparados.

Yo querría tomar la mano de Raquel y llevarla por todas las orillas en las que me mojé los pies, empezaría por Turquía, por Antalia, era invierno y recuerdo una mañana que me desperté muy temprano y vi a una mujer muy delgada salir del mar, diez grados de frío y ella en el mar, probablemente venía del Polo Norte. Después seguiríamos a Rodas, donde bebí muy buenos expresos, y compré paraguas de regalo a toda la familia, porque en Rodas sólo hay tiendas de paraguas. Después Creta, inmensa isla y camareras de muy mal humor. De allí podríamos llegar a Roma, húmeda ciudad que me causó un ataque de asma, y después Niza, y el teléfono que me habían dado de un primo lejano que me dijo que no conocía a mi padre. Después Marsella, estación última antes de subir al avión para Israel en 1972. Por allí llegaríamos a Perpiñán, donde me paré para que me dieran un visado para llegar a Madrid en

1982, la última vez que estuve en Madrid. Y después Barcelona, mi mujer sonriendo siempre. De allí, iríamos a Mallorca, mi último viaje con toda la familia, hijos, mi hermano, mi madre, y de allí a Málaga, en Málaga donde no pude aguantarme y comí los calamares que no son casher. Puedo muy bien vivir sin carne, sin pollos, sin nada animal, pero los calamares son mi vicio más íntimo. Y ya estamos en Algeciras, y después las playas entre Ceuta y Tetuán, Restinga, Kabila, Ksar El Rimal, El Rincón y Río Martíl. Un corto viaje alrededor del Mediterráneo, el mío, mi Mediterráneo, el que no puede ya existir sin mí, el que no existe sin que le escriba.

En ese mar nos encontramos, mar de sol, mar de libertad, mar de infancia, mar de inocencia, oh terrible y bella inocencia, perdida para siempre en la aduana entre Marruecos y Ceuta, perdida sin poder volver la cara atrás, como la mujer de Lot, como la dulce sal del agua del mar.

—Entré por una puerta mientras tú salías por la otra. —Y salí por la segunda justo cuando volvías a recoger las llaves olvidadas.

—Y después yo entré por mi maleta, pero tú ya habías salido.

—Nuestros pasos anduvieron durante años por las mismas casas, pero nunca nos encontramos.

—Siempre andando por calles paralelas.

—Bebiendo en los mismos bares.

—Saboreando los mismos calamares del mismo mar. —Los mismos pescados inocentes.

—Fuimos niños en el paraíso, adolescentes en túneles, adultos en paredes desconocidas, y hoy somos la memoria del otro.

El Ella

«¿En qué idioma haces el amor?»

Hace ya dos meses, y cien e-mails de cada uno, y sobre todo me siento lleno de Raquel. Su presencia va conmigo adónde voy y donde estoy, estoy poseído, o como dice Van Morrison, «It's a beautifulobsession».

Tanto que me pregunto cómo se crea la presencia o cómo a veces estás enfrente de alguien y te das cuenta de que no está, que ha desparecido. Su cuerpo, sus miradas ajenas están allí, sus palabras, sus sonrisas, pero no la persona. No sientes su presencia. Pero lo que no sabía era que se podía sentir la presencia fuerte, tan fuerte, de alguien a miles de kilómetros de distancia.

Me pregunto qué es la distancia y qué es la presencia. Porque me paso el día hablando con Raquel, me paso el día discutiendo sobre Tetuán, sobre literatura, qué es el amor, el matrimonio, los hijos, la belleza, la estética, y Raquel a mi lado me contesta, me responde, se cabrea cuando le digo que no me gusta Levinas, o cuando le digo que Camus me parece un falso. Todo lo que escribe me parece percibido sólo por la mente y el intelecto, y ella me dice pero cómo puedes decir eso, has leído el Premier homme, y me gusta cómo entran las palabras francesas naturalmente en nuestra discusión. Pues no, nunca acabé un libro de Camus, desde las primeras palabras hay un pajarito en mi cabeza que me dice esto no es el Magreb ni es el Mediterráneo, éstas son las conclusiones filosóficas sobre el Mediterráneo, y la literatura no es filosofía, la literatura tiene que intentar incluir el todo, y en especial no puedo soportar a alguien que escribe sabiendo el principio y el final, para el escritor la literatura tiene que ser descubrimiento.

Bueno, sí, Raquel, no me gusta eso de «tiene que ser», no tiene, es lo que a mí me gusta o me disgusta. Sí, y ya tengo esa cara del que lo sabe todo, del que está convencido que puede convencer a todos de todo lo que piensa. Un amigo mío decía que es difícil discutir conmigo cuando no tengo razón, pero que cuando tengo razón es imposible. Lo peor de todo esto es que siento lo contrario, que lo hago así por falta de convicción propia. Como cuando, todavía virgen a los veinte años, intentaba ligar con una tía, y ésta iba a un amigo y le decía que no se crea este Moshe que yo soy una de sus muchas mujeres y me va a seducir en media hora. De tanto miedo daba la impresión de ser un Don Juan.

Sí, es eso, sigue escribiendo en hebreo, me resuena la frase de Raquel. Tienes que seguir. No puedes dejar esas voces tapadas. Y yo diciéndole que no es una decisión que yo tomara sino una decisión que me tomó a mí. No es nada fácil cambiar de idioma a los cuarenta años, después de escribir en hebreo.

¿Y has leído a Saramago?

No, y como decía mi amigo, no lo leo por respeto.

La verdad es que justo cuando me decidí a leerlo se metió en la política israelí y me quitó las ganas con sus comparaciones de Auschwitz, y sólo estoy esperando que se me pase. Sobre todo me interesa el libro sobre Pessoa, ése de la muerte de Ricardo Reis.

Y entonces pongo mi mano en su hombro y la abrazo, y le digo que podemos ir a comer en un restaurante oriental buenísimo en el Zoco, en el MahaneYehuda, y yo mismo me pregunto si con tantas bombas no es peligroso ir al Zoco donde tantas bombas han explotado, y al mismo tiempo me digo que hay que seguir la vida y que la muerte no es más que algo natural, y que el día en que morimos no tenemos edad, no somos ni viejos ni jóvenes, ni niños ni adultos, la edad sólo tiene sentido para los que se quedan vivos, y dirán si era tan joven, toda la vida por delante. Y que tampoco sería algo tan negativo para las novelas y los poemas que entonces a lo mejor se harían famosos. Pero no puedo decirle todo esto a Raquel, son cosas que sólo pienso pero me parece que es mejor no decirlas.

Y quiero besarla, besar y besar, para llenar todos los años en los que nos rozamos sin vernos, pero me digo que no, que es imposible, que está casada y yo también, y aunque no estuviera casado nunca tocaría a una mujer casada. Pero sé muy bien que todo esto depende de ella, no soy tan fuerte como para decirle no a un beso, un beso largo, lleno de todo ese amor que nadie te dio, ese amor que mereces, que todos merecemos.

Me gustaría beber otro café.

Dice Raquel.

Y yo me pregunto una y otra vez cómo puedo sentir todo esto si estoy solo por la calle, si voy a ver a mi mujer dentro de media hora y vamos a festejar nuestro aniversario de casados, diecinueve años, así que entramos en los veinte. Mois, es que estas cosas no se hacen, Mois, eres de Tetuán, acuérdate, esto no se hace.

Espero la hora de sus e-mails, un poco después de las once, que son las doce allí en Madrid. Estoy en camino del restaurante en Tel Aviv, y llueve. Ando al lado del mar y siento a Raquel conmigo bajo la lluvia y bajo el mismo paraguas. Y cuando veo a mi mujer salir del coche, me hace caras. ¿Qué sabrá? Y Raquel me dice que cuando le mandé un beso por e-mail su marido se puso muy furioso.

Pero, Raquel, si todo esto es literatura, mi imaginación, todo esto es sólo imaginación, dime que es así, dime, no puede ser que esté yo tumbado en la cama y te sienta al lado mío, de noche, sabiendo que también tú en ese mismo momento estás pensando en mí. Sabes dónde estoy y si estoy triste, y yo sé cuándo piensas en tu madre, pero todo esto no es verdad, Raquel, es un cuento, un libro, una novela, un poema, o la obra de teatro que escribiste en 1982, el mismo año en el que fui a Madrid y te busqué como un loco y tú siempre en una calle paralela, y no te encontré, en la que una mujer oye voces de un hombre y decide esperarlo y seguir sola esperando a ese hombre del pasado. Era una voz de un hombre del futuro.

Peroen1982estabayovestidodeunacapademied oynadie podía tocar mi mundo, como la canción de Paul Simon, I am a rock. Era una isla, y las islas no se pueden encontrar en el mundo material, por eso nos encontramos a través de un libro.

Sigue escribiendo, oigo tu dulce voz, y es lo que me digo siempre, nada tiene importancia menos seguir escribiendo. Es una voz que viene del fondo del universo, y me lo dice a mí. Son estas palabras las que salvan al mundo todos los días, son las palabras de los poetas que ya nadie lee, las que crean una capa de vida que la polución no puede destruir, son tus palabras, Raquel, que tienen la fuerza de crear la vida de nuevo, que tienen la fuerza de conservar la vida.

Y te quiero, te quiero, mujer, y te quiero y no hay nada que hacer.

Cernuda y Serrat cantando.

Es otra cosa que no te diré, no podré decir eso, lo escribiré, pero no podré decírtelo.

Cómo te escribo, mi reina, pero cuando hablamos por teléfono no puedo decir esas dos palabras. Mi reina es todo Tetuán en dos palabras, allí, donde todos éramos reyes, donde mi madre y mi abuela, mi padre y mis tíos me llamaban mi rey, éramos reyes y todo alrededor parece hoy ser un largo milagro. Un mundo que nunca podremos describir, un mundo donde Sefarad vivía sus últimos momentos, donde sólo lo bueno del pasado existía.

Son las once, espero tu e-mail diario, sonreiré de nuevo ante tus palabras. Pensaré en el turrón que me mandaste, en las huellas que dejaste en su dulzura, cómo sabías que el jijona era el que más me gustaba, o más bien lo que me pregunto es cómo podrías no saberlo, si me lees a través de los poemas, lees mi vida y mis pasos en las orillas del Mediterráneo, lees las huellas ya borradas, que sólo tú sabes que allí están, como las tuyas en Restinga, o en Río Martil, donde dejaste huellas que fui a buscar, eran las tuyas las que buscaba, no las mías, las mías ya las conocía, huellas chicas de niña que no sabe, o que tal vez sabe demasiado bien que el paraíso se acaba de pronto, que el paraíso sólo nace en el momento que se sale de él, y allí en el fin del Mediterráneo, donde el océano ya viene a comerse a nuestro mar, allí te vi andando feliz, riendo, y siempre aportando amor y alegría a los que estaban contigo, allí corrías libre, niña que será mujer, niña que siempre se quedará niña, corrías en el mar, y cabía toda tu vida en tu sonrisa.

Es la hora de tu e-mail y verifico el correo electrónico cada dos minutos como el que espera el cheque de una lotería. Me tocó la lotería, pero tanto dinero de una vez es algo que no puedo digerir. Me da miedo tanto a la vez. Tanta sensibilidad y tanta comprensión y soy prisionero del miedo. De aquí adónde va uno, adónde van dos, adónde llevaremos nuestras palabras.

Pero lo que siento es que somos uno, no a un nivel físico, a un nivel espiritual. Pienso en lo que dice la Cábala, que es muy importante en lo que piensan los padres cuando engendran, los cabalistas se preparan y se entrenan para tener buenos pensamientos para que sus hijos vayan por el buen camino. Lo que pienso es que tu padre pensaba en mi madre, y mi madre en tu padre cuando nos concibieron, y que en realidad somos el mismo, la misma entidad espiritual. Y en seguida, como tantas otras cosas que pienso, esto me parece una tontería. Pero de pronto si veo a la niña que fui, no el niño, quién era ésa. Mi abuela decía siempre que fui el más bello bebé de Tetuán, y no era mujer que repartiera alabanzas fácilmente, pero en todas esas fotos que veo de mis primeros meses y años lo que se ve es más bien una niña, y cuando era adolescente muchas veces la gente se equivocaba y me tomaba por chica, hasta los diecisiete años, recuerdo que en el aeropuerto entrando al lavabo alguien me dijo que las damas eran a la derecha. Por eso será la barba, la barba para definir mi sexualidad. Y cuando escribo en primera persona femenina puedo sentirme completamente mujer. No es fácil, da miedo. Pero también pienso que mi madre quería demasiado un hijo, después de mi hermana mayor, y en eso no pude decidir, impuso toda su fuerza en que fuera varón, pero en el fondo hay una mujer, puede que ésa hayas sido tú, a lo largo de todo este trayecto. Seré ése yo, el que ves cuando escribes tú en primera persona masculina, dices que te gusta, y parece como si me escribieras a mí cuando hablas de un yo masculino.

Cuéntame tu primer beso.

Me preguntas y en ese momento tu rostro es el de una niña traviesa que quiere saber algo prohibido, algo escondido durante años. Pienso en el primer beso, cuándo fue el primero, creo que fue con Claire en Tel Aviv, un beso de media hora en medio de la calle, y le di diez vueltas, casi hubo aplausos en la calle, estaba ya en la mili, y nos veíamos poco, también ella estaba en la mili, Claire, como muchas relaciones estaban dirigidas por la distancia, me enamoraba mucho en viajes y después escribía cartas largas y románticas, a lo mejor me enamoraba para escribir, o me enamoraba de una turista, como ahora de ti, para que la relación fuese verbal, porque sólo en las palabras encuentro ese fuego que los encuentros físicos aguan.

Me cuentas tu primer beso y me dices que nunca se lo has contado a nadie, ni a tu marido. Tu beso secreto, un beso con un conde, es un cuento de hadas. Él te preguntará que si es tu primer beso o si has besado a muchos, y él no recibirá respuesta, la respuesta me viene a mí, porque para eso estoy, para contarme esos secretos que no cuentas a tus amigas, y en ese momento te veo, Raquel en el cielo, guiñándome y guiándome a través de estas calles desnudas, de estas callejuelas del alma que sólo tú puedes alumbrar.

Me dirás una y otra vez que debo escribir más sobre ese niño de ocho años, que te gusta. Es porque tú escribiste sobre la niña que fuiste a los siete años. Y tienes razón. Pero yo a ese niño no lo veo claramente, siempre aparece desde una ventana y me saluda, me dice que siga andando, que tenga cuidado de algo, y después desaparece, para reaparecer un mes después. Nunca puedo imaginar un día, vivir un día entero con él, son recuerdos, fotos, trozos de una película por editar, palabras, frases sin sentido, sin comienzo y sin final.

Iremos a comer, ya es tarde. Bueno, en España la gente almuerza tarde, no como aquí, te llevo al final a un restaurante en el centro, y propongo que pruebes la sopa de

Kubeh, una sopa iraquí, y dices que te gusta, y quieres una coca cola, y te acuerdas de los 7-up de Tetuán, o lo que también llamábamos Sharba, o Sharbalilah, bebidas sin contenido, agua y azúcar. Y ríes, ríes, ríes…

Sí, ésta es Jerusalén como nunca la has visto, es mi Jerusalén, calles desiertas y restaurantes con olores maternales, librerías y tiendas de libros usados, en todas las lenguas del mundo, libros en castellano, en francés, inglés, alemán, portugués, y más libros, y después otro buen café y yo espero tus preguntas, siempre me sorprenden, me gustan mucho tus preguntas. Soy un prisionero de tus preguntas.

Y te llevaré también por mis calles en Tel Aviv y te mostraré mi mar, mis olas y mis orillas, más tiendas de discos, como meses después tú me pasearás por tu Madrid. Te llevaré por mis restaurantes de Tel Aviv, los yemenitas y los pocos que tienen buen pescado, siempre que como pescado en Israel pienso que nunca es tan bueno como el pescado en España, sí, pero el de Marruecos es todavía mucho mejor.

¿Qué hora es? Me tengo que ir.

Qué tendrá esto que ver con las olas. Aquí, en estas hojas, no hay horas, y no hay a dónde volver, espera uno un e-mail, pero las horas no tienen piernas aquí, las calles son siempre nuestras, y todo anda alrededor de nuestras palabras, de nuestros pasos, de nuestras miradas. Cuando te vi fue la primera vez que tenías tu rostro, y yo, la primera vez que alguien me vio.

Sí, pero es la hora de sus e-mails, y ya espero, espero saber qué me vas a preguntar, espero saber qué has leído en mí que yo no sabía, qué sabes que nunca sabré sobre mí mismo, y qué he entendido yo de ti que nunca sabías de ti misma.

Te hablaré otra vez de la discriminación hacia los marroquíes en Israel, pero muy poco convencido de que esto sea un tema que me interesa, como me interesaba antes, y no dejaba de hablar con todos de eso, pero te lo explicaré de todas formas, porque nos ven como si fuésemos un desafío, como una amenaza a la sociedad israelí por no ser occidentales, y me dirás que no debo escribir esas cosas, que ya bastante nos critican los antisemitas y que el ambiente hoy en España y en Europa es totalmente anti israelí. Sí, te entiendo, y a veces no traduzco algo que he escrito por eso. Pero también me doy cuenta de que cuando hablo con intelectuales europeos sobre los problemas entre ashkenazim y sefarditas en Israel, al principio se quedan un poco con la boca abierta, pero después quieren saber más, de pronto todos estos judíos israelíes, que parecen ser una gran masa unida e indivisible, de pronto se convierten en humanos, los gallegos entienden de qué hablo, de pronto se acercan los judíos a la gente normal. Pero lo que pasa es que aquí nadie es bastante judío, el laico porque no es religioso, y el ashkenazi porque no es un verdadero judío y es descendiente de los Khazares, los sefarditas porque no son bastante europeos, y nadie es verdaderamente judío. Recuerdo lo que me contó la escritora de origen marroquí judía Ruth Knafo-Setton después de mandar un cuento a una revista judía en Estados Unidos, el redactor le dijo «Sí, escribes muy bien, pero por qué no escribes sobre judíos de verdad», porque para él los judíos de Marruecos no son de verdad, son algo exótico, y aquí lo que soy es algo exótico. Todo puede ir bien si cuento cómo vivíamos en los árboles de África mientras los leones se paseaban por debajo y la gran cultura israelí nos salvó, pero si hablo de una vida burguesa llena de libros y música no me creen, simplemente no entra en el esquema natural de las cosas y por lo tanto no lo ven. Víctimas del colonialismo para los ashkenazim, somos los mismos orientales que ellos fueron hace poco tiempo. Los otros de los otros.

Sonrisas, te hablo de Sefarad, de esa pulsión de pronto en el corazón al andar por Toledo, por Sevilla o por Lucena, de ver a todos los que éramos y ya no somos. Y la culpa, casi personal, de los que no pudimos salvar. ¿Salvar de qué? No lo sabemos, pero sí que sin ser judíos nada tiene sentido, y los que cayeron, los que no pudieron atarse a nuestras manos, a esos la Cábala los llama Nitsosot, chispas, son chispas que caen en el abismo, ese abismo en el que la oscuridad existía o fue creada antes de que Dios creara la luz. Yo los veo al andar, sobre todo por Sevilla, y les quiero decir que vuelvan, que aquí estoy con mis manos abiertas para recibirlos, pero a qué van a volver, a quién van a volver, y de dónde se fueron ellos. Son mis primos, y muchos de ellos me odian sólo por ser judíos, se odian, odian su pasado, a sus antepasados, están matando a la historia, son primos, y entre los primos hay también mucho odio.

Fuimos, Raquel, ellos no hace mucho tiempo, fuimos conversos, en Lisboa o en Sevilla, judíos ocultos, o cristianos convencidos que a causa de la inquisición volvieron al judaísmo, era mejor morir como tu padre y como judío, que ser humillado como nuevo cristiano. La historia… esa ridiculez… La inquisición más acercó a los judíos al judaísmo que los alejó, muchos de ellos estaban en camino de ser buenos cristianos pero justamente fue la inquisición la que les mostró su dimensión de judíos. Igual que los nazis, que mataron tantos judíos que lo último que querían era ser judíos, y muchos asimilados de tres y cuatro generaciones que se sentían alemanes o húngaros, de pronto se vieron enfrentados a su condición de judíos. Me recuerda la escena en la película Sunshine, en la que uno de los judíos muere porque no está dispuesto a repetir la frase del nazi «Soy judío», porque él ya era un buen húngaro cristiano.

Son esos los que nos gobiernan, son esos mismos judíos por casualidad los que dirigen las cortes y las universidades israelíes. Se avergüenzan de ser judíos, de haber llegado al oriente medio y de no ser buenos europeos. No los juzgo, de verdad que no, pero me pregunto ¿cómo podemos entenderlos? Puedo entender a los ashkenazim en la diáspora, o en Israel si son religiosos, puedo hablar con ellos a través de un judaísmo común, pero cuando son laicos, cuando no queda ningún judaísmo, son la gente más ajena a mí que puedo encontrar en el mundo. No entiendo nada de lo que rige su vida, ni por qué quieren tanto ser europeos, como si el europeísmo fuese una especie de religión, una religión que sólo existe en Israel, una religión profesada sólo por los judíos expulsados de Europa. No entienden que ni Europa es europea, tal como ellos la sueñan.

Me pregunto por qué te hablo de todo esto, me da aire de ser culto, inteligente, pero ¿de verdad son estas cosas las que me interesan? O es una, otra forma de escaparme, de alejarme de lo más importante. De mi vida. No son estos pensamientos los que nos alejan de la maravilla que es la vida cotidiana, de la sonrisa de mi hija, de vivir la luz de Jerusalén, una luz incomparable, una luz que explica todas las guerras.

De pronto me preguntas sobre Bernardo Eisenstein, el ex amante de mi mujer, me preguntas por qué fui a la cita, por qué el personaje aparece en la primera parte y no se oye hablar más de él. Sí, era un personaje que quería desarrollar, pero al final tú, Raquel, me parecías más importante, y lo fui olvidando, como el que olvida un conocido que no ve durante meses, a lo mejor el dolor era tan fuerte que no pude contarlo.

Tienes razón, no debía de haber ido, entonces cómo pasó eso, un mediodía me dijo que iba a Tel Aviv, y yo ese mismo día pensaba ir a Tel Aviv porque tenía que comprar algo, le dije bueno, voy contigo. Y entonces me dijo que se iba a encontrar con Bernardo, y yo le dije, bueno, entonces no voy, eso es asunto tuyo, iré otro día, y ella me dijo que no había ninguna razón y que fuera con ella, lo ves, me convenció, eso habría que hablarlo, yo creo que ella quería que viniera para no perder la cabeza, que es lo que pasó, inconscientemente me llevó de guardián, se lo dije y me dijo que no, eso es lo que pasó. Además, qué casualidad, se le estropeó el móvil y no podía llamarme, pero después se arregló, algo de la batería, después volvió toda excitada del encuentro y dijo que no se dio cuenta del tiempo que pasó y que por qué no la llamé yo. No la llamé y esperé su llamada. Al día siguiente hablamos de todo eso, y le pedí que no lo volviera a ver, y lo vio tres veces más, a la cuarta ya me mintió (eso me dolió más que todo), pero no creas que no creo que se acostó con él o algo de eso, no es ése el problema. Creo que me daría cuenta si hubiese pasado algo así. Además, vino un día Ricardo a casa del vecino a almorzar, y nos invitó al café, cuando fui a beber el café, dije hola, nos presentaron (la primera vez que lo veo) y, con mucho tenicu me senté al lado de él, aunque no tenía ni idea de qué iba a decir. Pero no hizo falta, el tipo se levantó y se fue al salón (estábamos todos en el jardín), desapareció durante media hora y después se fue. La semana siguiente vino al Shabat a casa, de pronto en medio de la comida, y estaba mi madre, contó que estuvo en la ciudad vieja y cosas así, y en eso que mi madre le pregunta:

«¿Eres judío?» y se molestó mucho (muchas gracias, mamá), y dijo que eso no era importante, y tararí tarará, pero se fue, la intuición de mi madre... Se fue en menos de diez minutos, lo que me parece muy bien, vino sin llamar ni nada. No le vi más, y hace un par de meses se fue, vive dos meses en cada ciudad, llamó a mi mujer desde Viena, pero sólo dejó un mensaje. Tiene cuatro hijos, cada uno de una mujer diferente, y es alemán. Mi mujer y él pensaban casarse y estuvo encinta de él y abortó un año antes de que nos casáramos. ¿Ves un poco el lío? ¿Te parece que soy demasiado celoso por haber reaccionado como lo hice?

Estamos paseándonos por la calle Yafo, y parece que hubo un terremoto ayer, están construyendo las vías para un futuro tranvía, y te digo que lo que habría que hacer es pasearse todo el día con una máquina de fotos y fotografiar sin parar, es apocalíptico, medias calles, estaciones de autobuses en medio de la calle, miles de personas que se buscan y tiendas cerradas o tiendas que parecen zocos, un ruido epouvantable y no se puede oír nada, toda clase de tractores y máquinas raras haciendo boquetes y cerrándolos. Y éste es tu libro, me pides más descripciones, el sol invernal de Jerusalén, la entrada a la seguridad social al lado de la ciudad vieja y cientos de árabes esperando su turno, la que estaba en la ciudad vieja la cerraron hace un año, después de que un palestino matara al guardia, y esa moraima me recuerda a la muchedumbre en Tetuán, las calles llenas de gente sin nada que hacer, y éste es tu libro, pero en el momento en que entraste en este libro ya no eres tú, las cosas cambian, eres un personaje, y los personajes tienen su vida propia, se alejan mucho de los que los inspiraron, se alejan tanto que sólo les queda una mirada de la realidad.

Pero éste es tu libro y sueñas con él, y éste como todos los libros no es mío, no es mi libro. Tú lo inspiraste por tus palabras, por tu libro, desde hace años quería escribir una novela en castellano, pero sólo se amontonaban los poemas, más y más poemas, mi lengua española sólo daba para poemas, pero tú me abriste esa puerta y éste es tu libro. Pero no una novela, o sí, Tabucchi llama a todo novela, pero eso se hace por razones comerciales, cualquier libro que se llama novela vende mejor que los que tienen otro nombre. «Ansina es», decíamos en Tetuán, lo llamaremos novela, pero para mí es un libro, es palabras, es pensamientos, pero no una trama, unos personajes que se cruzan de vez en cuando y crean un mundo que nunca me convence. No me convencen que sea una verdad, ni siquiera imaginaria, me decepcionan tanto las novelas que casi nunca las acabo y me voy en el medio a un libro de poemas para poder respirar un poco de aire de sinceridad, eso es lo que me falta en las novelas, sinceridad, me parece que hay muchas decisiones que el escritor toma pensando en las ventas del libro, consciente o inconscientemente, una cosa que es casi ridícula en poesía.

Eso es lo que busco en esta prosa, una sinceridad, un camino no tomado, un sendero lleno de árboles cuyos frutos nadie ha comido.

Y éste es tu libro, pero no te conozco, al mismo tiempo que te conozco desde siempre.

Me preguntas si me acuerdo de la maestra de árabe, vagamente, lo que sí recuerdo es al profesor de árabe que creo vino después de que te fueras, Monsieur Sitbon, que le gustaba mucha acariciar a las chicas, y yo siempre me peleaba con él, era muy alto y guapo, pero siempre como el profe de hebreo, fue el forastero, el que venía de la parte francesa de Marruecos. La profesora de árabe, cuyo marido estaba en la cárcel, sí, me acuerdo de ella, ella era árabe, creo que me dio clases particulares de árabe durante unos meses porque no tenía muy buenas notas. En la escuela aprendíamos árabe, hebreo, inglés, y las clases las daban en francés. Pero no nos enseñaban español, aunque todos lo hablábamos, los alumnos y los maestros. ¿Se avergonzaban de su lengua materna? En una época había pensadores franceses que creían que el mundo sería mejor si todos hablaran francés. En 1950 hicieron un censo del número de analfabetos entre los judíos, y llegaron a un cincuenta por ciento. Cuando leí eso medijeque no podía ser, todos los hombres tenían que saber leer hebreo para rezar, unas líneas. Después leí que sólo el cincuenta por ciento sabían francés. Hay cosas ridículas en el mundo, sólo el que sabía leer en francés no era analfabeto en esa época. Los analfabetos eran los franceses que hicieron el censo.

Jueves

ooooooooooo

Tal vez en un jueves como hoy

te encontraré entre unos árboles

los últimos árboles de una gran ciudad y me preguntarás inocentemente en español ¿Dónde está la calle Calderón?

y cuando oiga tu dulce español

veré la mar de mi infancia

un par de olas y muchas nubes

y tus palabras me acariciarán

Mis ojos se quedarán fijados en ti

como si hubieses desaparecido

dentro de mi mente para siempre

y después de un largo rato te diré

es ésa la calle que nunca dejé de buscar y tu sonrisa será el mar

Pero tal vez

nunca nos encontraremos

perdidas todas nuestras vidas

en el bosque de las coincidencias tal vez

estamos a una calle el uno del otro pero nunca sabremos

que existimos.

Un poco de aire en medio de tantas palabras, una hoja medio blanca, un poema que te escribí antes de saberte, de conocerte, de imaginar tu existencia.

Porque hoy hace frío, las nubes cubren los cielos y llueve, y te tengo que decir que vienen malos tiempos, es la ley de las vacas gordas y de las vacas flacas, tiempos sin agua y sin comida, tiempos en que la tierra se cansa de darnos su fruto y las vacas mueren, no podemos nada contra eso, y muchos perecerán. No es una profecía, es la lógica de ver. Y llueve, pero el sol siempre sale el final en estas tierras, no se esconde por mucho tiempo, un día, dos, a veces tres, pero no como en París o en Londres, mi hermano llamándome para decirme que necesita el sol, hace ya seis semanas que no veo al sol, en Tetuán tampoco el sol desaparecía por mucho tiempo, y me acuerdo de un día nubado en 1996 cuando fui de viaje a buscar mis pasos, y le pregunté al taxista si iba a llover, me dijo «¡QUIVÁ! Está levante», bueno, quién podía saber eso, en Tetuán sólo llueve con poniente, no como aquí, que casi nunca hay un poniente, siempre el viento viene del mar, a veces del desierto, pero no de las montañas, y éste es tu libro, te lo escribo para realizar de alguna forma el sueño ese de casarse y vivir con una tetuaní, ese sueño genético que llevaron todos nuestros grandes emigrantes que volvían de Brasil o de Orán a Tetuán para buscar una mujer de «las nuestras» y después volvían con ellas a sus países adoptados, contando a sus hijos que eran de Tetuán, que eran los verdaderos sefarditas, les enseñaban palabras en haketía. Una vez encontré uno de ellos en una fiesta de franceses, su bisabuelo se había ido a Orán en mil ochocientos sesenta y tantos, y me presentaron diciéndole que era de Tetuán, y él me preguntaba una y otra vez si de verdad nací en Tetuán, «Çaveutdire, que tu es vraimentné a Tetouan?», que ya me preguntaba si había hecho algo terrible, y después me contó que era la primera vez que veía alguien de Tetuán de verdad pero que sus padres y sus abuelos siempre le hablaban de esa ciudad mítica, que en Orán ellos se llamaban los españoles, y no se casaban con las mujeres judías locales, por fin alguien me lo dijo, no lo había soñado, era de verdad de Tetuán. Lo ves, soy de verdad de Tetuán.

No te ríes como de costumbre, y tienes de pronto un aire triste, ese aire que pasa por nuestro corazón de vez en cuando. Es muy tetuaní también, igual que las carcajadas, es una memoria de alguien que se nos fue en el camino, los que se convirtieron al cristianismo y después al Islam, y los que se asimilaron hoy en día, una tristeza de y qué podemos hacer, qué podíamos hacer, nada, no podíamos nada, y hoy con todo todavía podemos poco, no es nada pero es poco, ¿cómo podríamos deshacer tantas injusticias de la historia?

Pero sonríes de nuevo y somos otra vez los dos niños ju gando en el recreo o la arena en Río Martil, somos libertad y corremos, entramos al mar y el mar es nuestro, y después los bocadillos que nos trajo mamá, y después nos dirán que no volvamos a entrar en el mar, que eso corta la digestión, pero queremos más mar, más olas y más agua, más sal y más alegría. ¿Y a dónde se fue toda esa alegría? O a lo mejor se quedó allí andando en la arena, como en la canción de Serrat mi niñez sigue jugando en tus playas, yo podía haber escrito eso mil veces, siguen allí nuestros pasos mil veces besados, mil veces llorados. Es como un viaje en tren, que de pronto cambia de vía, y lo que hacemos es ver la vía que debíamos haber escogido. Y tú eres la nueva vía que me puede llevar de vuelta al mismo camino, pero ya no se puede volver a vivir ese viaje, vivimos otro viaje, un viaje que no era nuestro trayecto, pero de aquí podemos seguir e imaginar los kilómetros perdidos. En tu libro me guías para volver a mi vía, aunque sólo sea una vía a la que le faltan muchos pasos, pero desde que te escribo tu libro lo que siento es que por fin éstos son mis pasos, éstos son mis zapatos, ésta es mi calle, y por fin una esquina sin putas en la que puedo esperarte.

Háblame, pregúntame más cosas, recuerda para mí memorias desconocidas, quiero saber todo lo que tú recuerdas, quiero que tus recuerdos se conviertan en míos, que los míos sean tuyos, escríbeme libros, quiero leer todo lo que escribiste, encontrarme en ellos, quiero ser un personaje inadaptado a la vida en tus libros, quiero ser el niño ese que me mira desde la ventana y desaparece sin decirme nunca cuándo va a volver, quiero ser tu hermano y tu amante, tu voz y tu silencio, quiero ser las más bellas palabras que has escrito, quiero ser las más bellas palabras que vas a escribir. Dame vida en tus palabras, dame vida en tus pensamientos, sin ellos no soy nadie, dame un rostro en tu mirada, tu mirada es la creadora de mi cara.

Y otra vez Serrat, ahora que lloro, un hombre que llora por una mujer secreta, que dice a esa mujer desnúdame, desdúdame, ahora que lloro, lloro mi vida, mis pantalones perdidos, y los chalecos que siempre olvidaba por todos lados, igual que mis hijos, y mi madre me regañaba porque perdía tantas cosas, es que las cosas nunca me han gustado mucho, yo colecciono miradas, miradas perdidas de mujeres perdidas en las calles, en el metro, en el subway yo colecciono miradas de mujeres bellas, que me han dado su amor por un segundo y han desaparecido para siempre. Nunca me gustaron mucho las cosas, siempre regalo todo, que alguien viene y le gusta un disco, se lo doy, le gusta un libro, se lo doy, una amiga me decía siempre deja de dar tanto, pero yo no necesito esas cosas, necesito miradas cálidas en ciudades frías, en ciudades donde todo lo humano ha desaparecido. Una sonrisa es más que un coche, y además no tengo ni permiso de conducir.

¿Cuál es la diferencia entre un poeta y un novelista? Los poetas no tienen permiso de conducir.

Y ahora ríes de nuevo, ríes otra vez y tienes siete años, ríes otra vez y tienes quince años y los chicos sueñan contigo, los chicos quieren bailar contigo, pero tú quieres escribir un poema y otro poema sobre los chicos, quieres bailar sola en la arena, en la playa, desnuda, al amanecer, quieres bailar libre de todo y de todos, y por eso escribes poemas, pero los poemas los guardas de todos, me los estás escribiendo a mí, y yo los cojo en el aire, te mando otros poemas sobre las chicas con las que no bailé, y nuestros poemas bailan juntos, pero nosotros dos no.

Al lado de la Tefilá en Tetuán, en 1996, había una puta, una chica muy joven. ¿Sabías queen el hebreo bíblico puta y santa tienen la misma raíz? Kdosha es santa y Kdesha es puta. Todo está ya en ese libro antiguo y codificado. La vi al salir de la sinagoga y después comimos pescado con un judío en el centro español, muy bueno, por supuesto. Me contó que hasta él dejó de comer mariscos, «todos nos volvimos más religiosos con el tiempo», y su mujer de pronto, con ese orgullo, cuando le dije que soy escritor me dijo, «Un día de estos puedes ganar un premio Nobel», como si lo que único que hiciera la gente en el mundo es esperar a que venga un tetuaní. Bueno, puede ser que el mundo sí, pero en Israel nadie me esperaba.

Bueno, recibí tu e-mail y una nueva sonrisa, me voy a Tel Aviv al mar y te mandaré un poco de mar hacia el cielo, el cielo que en hebreo se llama shamayim, lo que quiere decir «Allí las aguas», te mandaré una sonrisa al cielo marítimo de Madrid. Tú estás en camino a una entrevista con Saramago, el mago, debiera leer sus libros, me digo, ya va siendo hora, pero esa hora es que no llega, no decido qué traducción leer, al hebreo, al inglés, al español, al francés, y son decisiones muy importantes, esto puede llevar tiempo.

Y me paso el tiempo escuchando a Serrat y eso siempre quiere decir que el viaje a España no está tan lejos. ¡Ay, quién fuera abrigo para pasear contigo!

Ayer en Tel Aviv te sentí tan lejos y tan cerca, fuera del tiempo, eras a la vez la niña jugando en la playa y una anciana gritándome al oído porque ya no oía nada, y todo me parecía normal, hablaba con un amigo sobre ti, y él me decía que estoy loco, que soy un irresponsable. Me preguntó cómo puedo hacer el amor con mi mujer después de recibir un e-mail tuyo, y yo le dije que no había ningún problema, me preguntó si no pienso en ti, si no estás presente, le dije que sí, estás presente en todo lo que hago, le dije también que te veía en mi futuro, nos veía a nosotros juntos en el futuro, viviendo juntos. No entiendo ni cómo ni por qué esto estaba en mi futuro, pero así lo veía.

Y después me digo, si ya hubo otras, te enamoras y sueñas con ellas durante dos meses, seis, y después lo que sale de todo eso es un poema o un personaje de una novela, pero esta vez sí, y cuántas veces dijiste esta vez lo ves de una forma diferente, dices que esto es diferente. Te sorprende que se pueda crear una complicidad sin ver los ojos, una complicidad a través de la palabras. ¿No es ése el sueño de todo poeta?

Crear un mundo, una relación sólo a través de las palabras. ¿Por dónde nos tocan las palabras? ¿Tienen vida propia? No, son nuestras vidas, vivimos, no sobre tierra y no debajo del ozono, sino sobre palabras y bajo lluvias de palabras.

Al principio fue el verbo.

Maldito sea el que inventó el pronombre.

Entimismada en minoestar

Es Viernes y Vendrá.

Son dos uves, uvas, ultravioletas, nu ves, no ves, Viernes, el último día de la semana, en el que Dios creó al hombre, al glebeux, como le llama André Chouraqui, el globoso, el ser del globo, el que va a llenar al globo terrestre y llenar las ciudades.

Hoy vivo en la ciudad, en Minoestar, en la gran ciudad a la que ya hace siglos todos vienen en busca de oro y se quedan porque no lo encuentran, o peor, porque lo encuentran y tiene muy poco sentido porque en la ciudad el oro es una ilusión, un cuento que se cuentan los ricos para llenar el vacío, para creer que ganar oro tiene sentido.

Hoy, viernes, vivo en la ciudad y soy esclava de la ciudad, leo al amanecer tardío del verano, leo los últimos momentos de aire fresco antes de que arda el sol y los minoasteros sigan despareciendo de la ciudad en busca de mejores aires. En agosto la ciudad se vacía y nadie se explica qué hacen los rascacielos o las calles en medio de los árboles. Los pocos turistas que se pasean por las avenidas parecen estar en una película, después de que una bomba extraña disminuyera el número de habitantes del globo.

Pero yo hoy le espero y vendrá.

Vendrá porque es viernes y porque sé que vendrá. Vendrá porque hace ya un año que no hace más que venir y llega hoy en tren. Me dijo que tomaba esta vez el tren, un tren lento, para sentir el camino, porque el avión le parecía demasiado rápido para llegar a mí. Aunque hace meses me escribió un poema en el que me decía que nos encontráramos en un aeropuerto, «dichoso aeropuerto», escribió.

Y llegará dentro de seis horas, a las dos. Dentro de seis horas, son muchas horas.

No tengo prisa, no tengo miedo, sé quién es. Aunque nunca lo he visto. Sé quién es, como sé quién soy y sé lo que piensa ahora mismo en este momento en el que no pudo tomar el tren primero de la mañana, en llamarme pero cree que duermo y lo deja para después. Llegará más tarde, un poco más tarde y tendré más tiempo para esperarle y para llenarme de recuerdos que regarán mis tardes de sol cuando se vaya, dentro de cinco días. Él también prefiere pensar más en mí, en el tren, unas horas más antes de conocerme, aunque él ya me conoce y sabe lo que pienso.

Es Viernes y Vendrá.

Mi marido se despertó hace rato y quiero ir a mi ordenador y encontrar a Mois en el messenger como todos los días, lo increíble se ha vuelto cotidiano. Dos personas que se hablan, dos escritores que se escriben frases, completan uno la frase del otro, de una ciudad a otra, de un mundo a otro. Él me llama el final de su exilio, yo le llamo el que me hizo escritora. Él me dio la seguridad de llamarme a mí misma escritora, muchos lo intentaron antes. Él cambió de lengua, dejó el francés para volver a su lengua materna gracias a nuestro encuentro. Aunque ya lo intentaba hacía dos o tres años, nuestro encuentro le llevó al paso definitivo. Y por eso hoy es Viernes, y por eso llegará un viernes. Hoy vamos a nacer los dos, vamos a nacer los dos en uno, como Adán, que era hombre y mujer, hoy, y llegará tarde, antes del final del día judío, el día que se acaba al anochecer. En ese momento, justo antes de acabar la Creación, creó Elohim al hombre, como si durante todos los seis días se preparara para eso, o dudara si era una buena idea o no.

El martes se irá, y ya me parece que se fue o no vino, porque hoy ya es martes, no sólo viernes, hoy es martes como es viernes, y cuando se vaya, con él desparecerá por completo la ciudad, ilusión de la ciudad.

Hoy quiero que el bandoneón llore.

Y escribo porque vivo para escribir. Mois dice que en el momento en que escribes la primera frase ya has entrado en el libro y vives en el libro, y eres diferente de los otros que viven en la realidad, o lo que se llama realidad. Por eso le quiero y por eso ahora mismo está marcando el número de mi móvil para decirme que llegará más tarde.

Buenos días, le digo, en mi timidez envuelta en mi timidez cálida que me llena y le llega a través de mi voz. Decidimos días antes en el messenger cuáles serían las primeras frases que nos vamos a decir esta tarde. Llegará a las tres, bueno, quieres que vaya a por ti, no, viene mi primo y si le digo que no venga se va a molestar así que te veré en el hotel, sí, en el hotel. Los dos nos vestiremos de verde, pantalón y camisa verde, y nadie nos verá, seremos transparentes para los otros humanos, otros dos personajes que salieron de un libro. Quiero hablar más con él por teléfono pero es muy caro, me llama desde un móvil de otro país, pero de una misma ciudad, Minoestar, la misma ciudad grande de todo el mundo. Me gustaría hablarte más, me llama del tren y la línea se corta, desaparece, le mando un mensaje, invadida de timidez espero nuestro encuentro en el café del hotel. ¿Qué hotel? Todos los hoteles del mundo, y de Minoestar, una entrada, un vestíbulo, una salida, cuartos, una cafetería abajo, un maletero,la recepcionista demal humor y el judío que llega a la ciudad. Ése es él, yo la judía de la ciudad. La pequeña comunidad judía que mueve el mundo y las economías como si fuesen algo genético, moviéndose de ciudad a ciudad y en la ciudad de un sitio al otro y moviendo todo lo que se vende y se compra, trasladando ideas, esperando que todo vaya peor.

Es viernes y preparo la comida del Shabbat, el pan, amaso la masa, y pienso en su pan y en el que hacemos muchas veces juntos a través de nuestra conversación del messenger, de pronto los dos nos tenemos que levantar a ver qué pasó con el pan, subió bien esta vez, otra vez, ves, todo tiene su lógica. Escribo y los minutos, las horas pasan, pero no sé muy bien si quiero que pasen o que se alarguen infinitamente, quiero saborear cada minuto de espera, cada segundo sabiendo que va a venir hoy, cada paso, cada acto, cada movimiento de mi cuerpo, cada mirada de mis ojos en la nada, no responde a mi mensaje pero me llama otra vez para decirme que intenta, pero los mensajes no se pueden mandar aunque sí recibió el mío, está en la cafetería del tren y está fumando un purillo, el último de la caja que le mandé hace meses, eso me dice y que tiene un sabor especial, mi marido me llama y quiere desayunar algo, al andar hacia la cocina siento los labios de mi sexo rozándose como nunca lo han hecho, sedientos y hambrientos de hablar, igual que los labios de mi boca que quieren preguntarle muchas cosas, haría una lista de preguntas pero sé las respuestas, sólo quiero ver su rostro cuando le pregunto sobre sus amantes, sobre la última vez que nos vimos en la escuela antes de que mis padres se fueran de Benxauen, ciudad donde los dos nacimos, ciudad en la que frecuentamos la misma escuela, me gusta la palabra frecuentar, quiero ver sus ojos, azules o verdes, quiero verlos respondiendo, hablándome de mí misma. En este mismo momento piensa en mí, en hacerme el amor, pero ya retira sus pensamientos, sabe que no habrá ningún sexo entre nosotros, así que prefiere no pensar en eso, piensa en darme la mano, piensa en mi sonrisa, en mi cara en el primer momento que le vea, piensa en mis labios, y los siente, los siente besándose continuamente uno al otro, frotándose y llenando el vacío de nuestras vidas, de nuestros encuentros. Mois piensa que es en viernes como éste que le pasan siempre las cosas más importantes, Viernes como hoy siempre se toman las decisiones que cambiaron su vida. ¿Por qué en viernes y no en otros días? No tenemos respuesta, el último día de la semana, el último día antes de descansar.

Preparo los pantalones, la camisa, estas dos prendas que desde hoy estarán relacionadas con él y que ya no podré llevar sin pensar en él, ésta es la ropa del pecado, en hebreo la palabra ropa y engañar vienen de la misma raíz, me lo dijo Mois y yo enseguida pensé en mi necesidad de desnudez, de estar en pelotas todo el tiempo, de quitarme lo que nos engaña. La ropa siempre miente, claro que hace años que no me paseo por mi casa desnuda, con dos hijos ya mayores las cosas se ponen difíciles, pero recuerdo los primeros años cuando mi marido me decía que las mujeres son más guapas vestidas que desnudas, sí que lo son, porque son las artistas del engaño, y yo quería que mi cuerpo hablara por mí, por lo menos en mi casa, después de haber dejado la casa de mis padres, la dejé para crear mi hogar con mi marido, sin ningún paso de independencia, sin ninguna etapa de estar sola, nunca estuve sola, ni siquiera un mes, un verano, un invierno.

Voy a salir a un café, allí quiero escribir sola, en una mesa, me gusta escribir sola en una mesa. El bullicio que se pasea por la barra, los que beben rápido y los que no tienen nada que hacer porque están parados, los que corren a un trabajo porque no tienen más remedio, ésos tienen las peores caras, desesperados como presos por culpa de algo que no saben, para ellos esta sociedad es una cárcel enorme, una vida sin vida, un correr sin parar, no siempre son los más pobres, a veces es el marido que siempre sonríe, y que sólo muestra esa cara en la cafetería, un minuto antes de entrar en su oficina y entrar en rol de director, de jefe.

Espero. Desespero. Es, pero.

Siempre tengo un pero para el final de un pensamiento, quiero ver a Mois, pero. Pero suena demasiado a la novela que escribí y por la cual me conoció. ¿Viene a verme a mí o a leerme a mí? ¿Viene a verme a mí o a lo que imagina de mí? Pero siempre dije que soy lo que escribo, que sólo vivo a través de lo que escribo, que soy mis palabras, entonces ¿quién soy hoy, esperando?

Me siento en la plaza, en un café como todos, es una heladería, un Hagen Daas.

Estoy otra vez en todo el mundo, en toda ciudad, me siento como en la clase en la que conocí a Mois, en la última mesa. Desde ella veo al mundo, a todo el mundo, los que corren y los que saborean el helado, como el helado de Benxauen, el de La Glacial, a él íbamos todos los niños después de las clases, y comprábamos helados más o menos grandes según las monedas que nos daban nuestros padres.

Y escribo.

¿A quién estoy esperando? ¿Quién es este Mois que me escribe poemas? Poemas que siento en mi corazón, en mi pulso, en mis senos, en mi pasado. Poemas que cambian mi pasado.

Ya no soy la misma mujer que era antes de descubrir la existencia de Mois, es como descubrir América, todo un continente cambió. Mois siempre estaba en este mundo, desde que nací, pero, otra vez pero, el descubrimiento (descubrí: miento) de su existencia cambia la mía. Descubrir que todo lo vivido es una mentira, porque la vida, mi vida, no puede, no podía tener sentido sin la existencia de Mois.

Pero me digo y me repito que no es Amor, ¿cómo podría ser amor? Ese término tan volátil y tan poco satisfaciente que es la palabra amor. Tampoco es más que amor, ni menos que amor. Es pero. Espero. Desespero. Es algo tan diferente del amor, como es diferente el río del mar. Sí, hay agua, pero es la definición de la diferencia. Lo que pasa es que no tengo un término para este encuentro. Buscaba las Indias y descubrí América.

Más y más gente entra, son las doce, salen a tomar algo, un café, un cualquier cosa, Mois intenta llamarme pero no tiene línea, no puede llamarme, yo intento pero tampoco llego a conseguirlo, son las doce, el tren negro está acercándose a la ciudad, pasa por montes y montañas, colinas y mares, y está llegando a mí, está penetrando la ciudad.

Nací en Benxauen, vivo en Minoestar.

Preferiría estar otra vez en frente de la pantalla, panta ya, jugar con las palabras con Mois, seguir el juega sin que la realidad venga a interponerse con nuestra relación, y ¿qué pasa si no me gusta? ¿Si me cae muy mal? Pero sé que no pasará eso, sé que será todo lo contrario, pero ¿cómo lo sé? Yo que nunca sé nada, que siempre me siento tan indecisa, ¿cómo puede ser que hoy sé las cosas de una forma tan definitiva y clara?

Te espero. Te es pero.

«Un jour viendraoù tout sera.»Creo que lo escribió EdmondJabès, otro que sólo supo vivir en el libro. El libro de Jabès, Le Livre Des Questions, me lo mandó Mois, hace ya meses, leí partes de él, me sentí intimidada por su forma de ver el mundo del escritor, yo que siempre quería vivir en lo que los otros llaman realidad, ahora estoy esperando a un fantasma, al alguien que sólo puede existir en mis novelas, a alguien que sale de mi novela, un personaje. «Encantado de conocerla, señora, acabo de salir de su libro.»

Sí, claro, como si fuese lo más natural, un personaje sale del libro y me da la mano, me acaricia, y me besa. Es muy normal y muy natural. Podría ir a mi psicólogo y contárselo así, muy claramente. Para Auster fue una llamada telefónica errónea, algo que se puede entender, pero este Mois es un personaje que sale de mis libros, se pasea por mi computadora y de pronto me dice, de la noche a la mañana, que viene a verme, y ahora mismo está en un tren camino a mi mundo, rumbo a mi castillo, a romper todo lo que tengo por seguro, a deshacer mi mundo, a crear un nuevo mundo mágico, lleno de oro y de reflejos que no conozco.

Ésta es la hora en la que entraba en mi ordenador a ver sus e-mails, sus nuevos poemas, a veces había uno nuevo cada día. Después de años en el exilio volvía a escribir en español, volvía a nuestra ciudad Benxauen, y volvía a sentir. A veces, no siempre, le encontraba conectado y podíamos charlar una media hora, antes de que alguien nos molestase, ésta es la hora, después entraba alguien en mi cuarto o en el suyo, en nuestro mundo y yo me daba cuenta inmediatamente, preguntándole si estaba solo, si no se sentía incómodo, si prefería hablar más tarde, y quedábamos a una hora de la tarde, más tranquila, después de su siesta diaria, o a veces más tarde todavía.

Hoy tengo dieciséis años, hoy he vuelta a empezar, hoy mi vida empieza, y me siento joven y perdida como me sentía a mis dieciséis años, esperando a alguien, esperando sin desear que venga o deseándolo demasiado. Hoy tengo la edad de mi primogénito y vuelvo al punto de partida, al punto en el que todo se partió, el punto de las melenas, de las faldas mal vestidas, de amores desesperados, de guateques mal bailados, de amigas incomprensibles, de madres represoras, de ser judía y no salir con un cristiano, de besar y soñar, es el tiempo de ser virgen.

El teléfono suena otra vez, es él, mi voz cambia, mi voz tímida, mi voz se encoge, si el tren tiene retraso, tal vez le gustó la costa demasiado al tren, quería ver más mar, mejor quedamos a las cinco en hotel, se oye mal, digo sí como una niña idiota en plena adolescencia, con la única diferencia que ya no me importa estar nerviosa, no me importa qué piensan de mí, los de enfrente o Mois, no me importa qué dirán mi marido o mis hijos, no me importa jugar nerviosa con el bolígrafo, no me importa vestirme diez veces de verde, como si todo fuese verde, verde como el color de sus ojos, todos los verdes de sus ojos me quiero poner hoy mismo, ahora iré a casa y me cambiaré de ropa, me ducharé otra vez, no, qué no importa, que vendré a las cinco, no estoy ocupada, lo que pensaba hacer después lo haré ahora, sí, ya lo hice todo ayer, todo, para sólo pensar en ti hoy, si quieres nos vemos mañana, no, hoy, a las cinco, en el café del hotel, que qué se cree, que no le voy a ver un viernes o que no sabía yo que los trenes no son puntuales cuando te traen a esta ciudad, que no conozco yo a todos los trenes, y que los trenes nos enseñan a ser pacientes, a saborear más la espera, a creer más en nuestro encuentro, a darle unas proporciones que no puede tener, a hacer de él un encuentro único, a crear hoy un hombre como un dios, pero no como Dios después de doce meses hablando y pensando en este encuentro que nacerá hoy viernes, hoy viernes en que vienes, hoy viernes que vienes.

Son las dos, voy a casa a descansar un poco, el hotel está justo al lado, como por casualidad, como si pudiese ya haber casualidades, o como si pudiéramos todavía hablar de algo casual o que no sea mágico entre nosotros, o no, me quedo en el café un poco más, saco un libro de MM, y leo, tiene un buen lenguaje, creo que se lo pasaré a Mois, pero es todo paja, no dice nada, habría que explicarle que las olas no están hechas de espuma solamente, pero será eso la literatura moderna, no decir nada, no herir a nadie, parece que están escribiendo para recibir el Nobel, están escribiendo literatura seria, pero la literatura seria no viene de querer escribir literatura seria, viene de una necesidad profunda de leer el mundo con palabras y de intentar crearlo, pero no de una necesidad de escribir buena literatura, por eso muy frecuentemente los más grandes son considerados escritores malos al principio, y sigo leyendo a MM pero prefiero leer a Mois, prefiero su fuego, su manía de no trabajar lo que escribe, o muy poco, su convicción de que hace lo que debe hacer, su baile con las palabras, su desesperación y su soledad a miles de palabras tan bien escritas. Aunque si saboreo este libro de MM y se lo doy a Mois, así aprenderá a escribir en un mejor castellano, pero ya sé lo que me va a decir, y sé cómo me lo va decir. Pero es, pero a lo mejor lo que digo es lo que piensa él. A lo mejor pensamos todo juntos desde hace ya mucho tiempo.

Son las dos y cuarto, podría estar aquí ya si hubiese cogido el tren de las siete, pero, como me contará más tarde, llegó a la taquilla a las siete y dos minutos y el tren salía a las siete y tres minutos, ése fue puntual, qué milagro, habían sólo dos taquilleros hasta las siete y cien pasajeros que querían llegar al tren de las siete cero tres, y el número tres, el siete nos seguirá todo el día.

Voy a casa, no voy a casa, no tengo ganas de casa, no tengo ganas de mareos, quiero estar sola, tengo ganas de mares, y esta ciudad que es un monte está lejos del mar pero el cielo tiene algo de nuestro mar, el mar de Benxauen.

Me acuerdo de días enteros entrando en el ordenador cada media hora a ver si estaba allí conectado, conectado a nuestro hablar cotidiano, días y al final la sonrisa del que encuentra lo que busca, una sonrisa tímida, no mostrando demasiado mi alegría, creyendo que podía verme, sintiendo que me ve a través de la pantalla, a través de las palabras, a través de la ropa, a través de la piel, que me ve como nadie me vio nunca, diciéndome cómo me siento, o qué pienso en ese momento. Lo mágico se volvió cotidiano desde que encontré a Mois y ahora no soporto lo que no es mágico, no puedo soportar nada cotidiano, como un coche que arranca, me parece ya normal que se ponga a volar, me parece normal que el coche se ponga a bailar tango, a cantar canciones de Serrat y si no lo hace me parece que el mundo se ha vuelto loco.

O seré yo la que se ha vuelto loca, una vuelta más y me caigo, o los dos, Mois y yo, nos estamos volviendo locos, entrando en mundos paralelos en los que no sabemos andar, mundos cabalísticos, en toda clase de sefirot que no entendemos, aunque a lo mejor él entiende más de esto que yo. Pero, es pero, si estos mundos se nos muestran a nosotros debe ser porque debemos entrar.

Hoy tengo lo que quiero. Quiero seguir escribiendo para que no venga, para que este momento siga hasta el final de los tiempos, para pensar cada palabra que le voy a decir y no diré, para parar todo lo que debería pararse. Pero también escribo para que venga, para que el tren viaje más rápido, para que llegue ya y acabe este esperar indefinido.

Voy y no voy a casa, pero al final tendré que ir a ducharme y a cambiarme de ropa, a vestirme, pero me gustaría no encontrar a nadie en casa, estar sola, cosa que nunca me pasó en la vida. Pido otro café, quisiera un helado, pero bebo un café con hielo, y sigo en mis palabras, ¿o ya me fui a casa y alguna otra me escribe? O alguna otra es la que me escribe siempre, o es Mois el que me escribe hoy. Hoy Viernes en el que cambié de vida, Viernes como todos los viernes, pero viernes en el que entré en otra dimensión.

El color del cielo empieza a cambiar, es como una alucinación pero me doy cuenta de que estoy viendo colores que no vi nunca, y no estoy drogada, al azul gris se juntan flechas de rojo, y verde marino alrededor de éstas. La gente empieza a lucir, a su alrededor veo unos colores grises, blancos y negros, a veces un color más inmanente, como el violeta o el verde, que desaparece en el momento de aparecer.

Hoy necesito otro nombre. No puedo pasearme más con el que tengo, tengo dieciséis años y necesito llamarme de otra forma. Me llamaré Sarah, con h, con h no pronunciada, h misteriosa. Siento crecer en mí la hache. Pago por el café. Tal vez sea el último bebido a solas.

Mi coche me espera con otra multa. Es rojo y me llama por mi nuevo nombre. En él una caset de Serrat, el meollo del mal rollo, canta en este momento. Pasa a un poema de Cernuda, que te quiero más que a cualquier otra cosa, debe ser Mois el que me está cantando.

En casa mi marido me pregunta por qué no les preparé comida a los niños, Mois me dice que son ya mayorcitos y que podrían hacerse de comer solos, pero no lo entiendo, no le escucho.

Tengo una cita muy importante, tú siempre con tus citas muy importantes, me voy a la ducha y por fin desnuda puedo sentir adónde voy, a una cita creada día a día durante casi un año a través de palabras, cada palabra nos llevó a otra, sin vernos, sin que nuestros cuerpos entren en un mismo terreno, todo a través de palabras, poemas, cartas, chat, e-mails, a veces llamadas telefónicas. En menos de media hora va a cambiar todo, le veré, me verá, y ya nunca más seremos los mismos. Por eso esta ducha es la última de algo.

Y de pronto el miedo, pero qué hago yo en esta historia, Sarah, ¿y por qué Sarah?

Soyuna mujer casada y odio la inestabilidad, quiero días cla ros sin sorpresas, qué hago yo aquí, no, no voy, no voy, todo me puede pasar y yo no quiero separar a mi familia, no quiero que mi marido piense que no le quiero, no quiero, no voy y no voy. Pero no puedo no ir, no puedo, aunque decida mil veces no ir sé muy bien que mis piernas me llevarán, me llevarán como si fuese un encuentro con el destino. Es como si ya todo esto hubiese pasado y es una memoria que vuelvo a vivir.

¿Qué le habrá pasado al tiempo estos últimos meses? ¿Por qué Sarah?

Ella es el personaje principal de mi última novela Las cáscaras sagradas por la que muchos de mis amigos me han acusado de haberme vendido. Pero esa Sara es sin h, y además poco tiene que ver con la Sarah de hoy. La de hoy tiene que ver con la primera Sarah de Mois, una lejana amiga mía, con la que Mois se escribió durante dos años, cuando ellos tenían entre quince y diecisiete años, puede ser que haya sido la primera mujer que él amó, o por lo menos la primera a la cual declaró su amor. Y la envidio, la envidio, porque me hubiese gustado recibir cartas de Mois cuando me sentía tan sola, cuando tenía quince años, o dieciséis. Creo que él también hubiese escrito cartas mejores.

Pero no se lo diré.

Y lo último que quiero es volver a esa edad, oh Dios, lo último, mis quince años deben ser la idea misma del infierno. Quiero volver a los dieciséis, pero no los que viví, sino los que debí haber vivido.

Debería desarrollar más este tema, pero se hacen las cinco. Número que nos evita el mal de ojo, el jamsa. Bajo, vestida de verde, pantalones y blusa, y sé que él estará vestido del mismo verde, un verde marino.

Aparco el coche en la esquina, mal aparcado, pienso un segundo en la multa y la cara que me pondrá mi marido si me la ponen, y voy al café.

Me gustaría saber qué pasó en esos dos minutos, o serían tres, o cuatro, pocos minutos, fueron muy rápidos y al mismo tiempo fueron una eternidad, al ver a Mois sentí como si me hubiese desmayado y haber estado así durante días, horas, meses, quién sabe, y después despertar y ver una cara conocida, una cara que me acaricia, una cara que me dice, eso es, aquí estoy, llevas semanas en coma, pero yo estuve aquí siempre esperándote, no dormí un solo minuto esperando que abrieras tus ojos, estoy aquí desde siempre, siempre esperando que abras tus ojos. ¿Fueron minutos? ¿Fueron horas? ¿Qué le pasó al tiempo últimamente?

Le veo, está sentado ya y me espera, cuánto tiempo me esperas, mi amor, cuánto tiempo esperé yo este momento, y todo es tan natural como el agua que cae de un manantial, todo es natural como la ola que se rompe sobre la roca, todo es natural como el cantante que da el mejor recital de su vida, todo es natural como nacer, como morir, como la primera sonrisa del bebé, todo es natural como los más grandes milagros que vivimos todos los días sin darnos cuenta.

Las frases estaban preparadas, tenía que decirle «¡Qué decepción!» y él tenía que responderme «¡Ah! ¡Bueno está ya de tantas revoltinas!» pero no fue eso lo que dijimos, dije Hola, u Ola, era una ola que venía sobre mí, era él, lo sentí en mi cuerpo, en mi vagina, sentí que era él, el qué, el quién, él, el yo, el que está en mí, el hombre que llevo conmigo cuando ando, el hombre que está detrás de mí, mi doble, mi yo, el yo profundo que nos sigue, y que no, esto no podía estar pasando, es un peligro enorme, los dobles no deben encontrarse, es un desafío al tiempo, a la lógica, al mundo, a la creación. Una sola vez se encontraron y la vida fue imposible, se llamaba Adán, y Dios tuvo que separarlos porque el mundo se quedaba sin destino.

Me pasé, después de que se fuera, horas pensando de dónde viene tanto vacío, pero en ese mismo momento sentí que desde ahora cualquier día sin verle será un día en el que sentiré un vacío enorme, el vacío de no ser yo misma.

—Si quieres vamos a otro lado —digo.

—Sí, tienen un café terrible en este hotel.

Vamos los dos al coche, el calor deshace la ciudad, las calles vacías, y cada día menos personas pueden soportarla, no hablamos del calor, no nos importa. Nos sentamos en el coche, pongo la cinta de los Beatles, era esta canción la que oí cuando leí el poema tuyo en el semáforo, It'sbeen a harddayʼsnight, el semáforo que te comiste en rojo, sí, ése, el poema de nuestras vidas paralelas, sí, ése, a dónde quieres ir, a un museo, al parque, no, la verdad es que tengo ganas de ver libros, a la más grande biblioteca, a los libros de Minoestar, a mí también me encanta ver libros, vamos, pero está en la calle principal, y es muy difícil aparcar, bueno, ya encontraremos dónde. Leí tu última novela en el tren camino a ti, Las cáscaras sagradas, muy buen título, muy bien escrita, te envidio, ya me gustaría escribir tan bien como tú, pero, pero, es demasiado bien, me gustaría que pusieras más manchas en lo que escribes, y que no sólo utilices palabras bellas, palabras de diccionarios, las palabras tienen que ser palabras vividas, reídas, soñadas, sufridas, cada palabra que escribes tiene que ser tuya, tuya en tu cuerpo, en tu piel. Sigue hablando, sigue pero ya no oigo lo que dice, siento mi piel y estoy en una playa desierta y dos manos me untan de aceite y me amasan los senos, sonrío, sé muy bien porque Mois sigue hablando de manchas, es porque no le gusta mucho repasar lo que escribe (odio corregir, el lector tiene que leer lo que escribí, sin mentiras), eso me lo escribió el primer día, es un mantra para él, pero sí corrige, poco, pero corrige, cuando yo se lo digo.

El bulevar, las calles anchas de la ciudad se hacen pequeñas hoy cuando viajo con Mois, todo esto parece un pueblecito, el pueblo del que nunca salimos. Las grandes avenidas… ¿No serán más que una ilusión? Por más grandes que sean las calles, por más grande que sea la ciudad, no crecemos, ni nuestro espacio se engrandece, ni nuestro cerebro cambia, creamos grandes avenidas para creernos más grandes, para combatir con Dios, pero seguimos siendo los mismos.

357.

Ése fue el número del aparcamiento, te acordarás del número, pregunté, sí, claro, y no sólo me acuerdo, es que no llego a olvidarlo, era un mes de julio, séptimo mes, el tren salía a las 7 y 3, el hotel estaba en el número 133, vino por 5 días, y así seguirán llamándonos estos tres números a través de su estancia, 3, 5, 7, tres de mayo del año 7, qué pasará en esa fecha, o qué pasó, porque con Mois todo parece ser pasado, todo el futuro nuestro parece ya haber pasado. Yuyo.

Le veo y ya siento su ausencia, su ausencia de dentro de unos días, porque siento todo lo que llena en mí, llena algo que nadie, ningún hombre pudo llenar, algo que va más allá del entendimiento, más allá de la palabra. Podría estar con él horas aunque no dijese una sola palabra, aunque estuviese sordo, mudo y paralítico, no sé, pienso cualquier cosa, no debería pensar esas cosas pero las pienso, me llena lo más vacío que siempre hubo en mi relación con los demás.

Sigue hablando, sí, tú eres una novelista natural, sabes bien construir un personaje, la trama, desarrollas bien todo y te admiro, pero es que yo no puedo hacer eso, la vida no es así, ahora te hablo de novelas pero pienso en hacerte el amor, las cosas no andan linealmente, estoy aquí en Minoestar pero también en mi mente estoy en Madeira contigo, o en Palma de Mallorca, o en Corfú, y además me aburriría si escribiese como tú, creo que el mundo necesita algo distinto, algo mágico y está preparado a leerlo, a lo mejor no lo necesita, no, quién sabe, yo lo necesito, a lo mejor leo tus novelas porque las escribiste tú, aunque están muy bien escritas, eso sí, pero si no fueses tú la escritora a lo mejor me…

Bueno, está bien, que siga hablando, no me importa lo que dice, me gusta su mirada hacia al cielo, su forma de rascarse la calva pensando en un término más preciso, no te interesa mucho lo que digo, no, a mí tampoco, no te olvides del 357, no te olvides, y lo que propongo es que antes de entrar en la librería bebamos una limonada, enfrente de la librería, enfrente, veremos quiénes son los que entran y los que salen, los que compran libros y los que ojean, pero en un café con aire acondicionado, que este calor me está matando.

Sabes, ayer, de noche, a las cuatro, te hice el amor, te diste cuenta, no podía dormir y de pronto no había distancias, no sabía que cosas así existían, fue algo tan fuerte y no sabía muy bien cómo se hacen estas cosas, tengo la impresión de que nos equivocamos de planeta, nacimos en un planeta equivocado, o que por fin estamos descubriendo qué es la vida, es un misterio, sí lo sentí, sí que lo sentí, no podía dormir pero no me enteraba qué era, y ahora me doy cuenta de muchas cosas, tu existencia me explica tantas cosas de mi pasado, esto es un delirio, es un locura. Ahora que vemos el mundo nos estamos enloqueciendo.

Y si todo suena como si no se enterara uno mucho de quién dijo qué, es porque no me acuerdo mucho de quién dijo cada frase, con Mois las cosas se confunden, los límites de mi yo, que tanto defendí durante años, creando fronteras con trincheras eléctricas, los límites tienen poco sentido, me habla y me hablo, le hablo y siento como si los sonidos entraran en mí y no salieran de mi boca, como cuando jugábamos de niños a oírnos por la boca.

Bebe como un bebé, ensimismado en su limonada, limón nada, bebe y me mira a través de la pajita, y sonríe, una sonrisa de niño travieso que no acaba de crecer, tiene ya tres hijos y no sabe cómo casarse, hacerse hombre, parece un extranjero en todos los países.

Es un otro eterno, es parte de toda ciudad, en su alteridad, en su otredad, es su diferencia.

Porque la ciudad necesita a estos seres diferentes para ser la ciudad, vagabundos del pensamiento, pensa miento, hijos de Caín, pero también sobrinos de Abel, hombres que no se adaptan a ninguna ciudad pero forman parte de todas.

Me acuerdo de una rueda de prensa, me sentía fatal, a mí estas cosas no me gustan mucho, pero entonces justo antes de empezar, la mesa llena de micrófonos, recibí una llamada a mi móvil, de Mois. Apagué el aparato, pero de sólo saber que era él me sentí mejor. Pero no puede ser, no puede ser, esto no me está pasando, es una ilusión, un libro, un cuento, no puede ser que esté enfrente de Mois aquí en Minoestar, no puede ser que exista fuera de mi imaginación, que tenga una vida propia, que sea una realidad física, no, no puede ser.

Pero es.

O creo que es lo que denominamos ser.

Porque él bebe a mi lado, me invita, paga, el camarero ve lo mismo que veo yo y las dos mujeres sentadas a nuestra derecha pueden decir que yo, Sarah, o como me llame, estoy sentada con un hombre. Por lo tanto se convierte en una entidad real y física.

Pero, pero, qué quiere decir eso, que cuando la semana pasada me senté sola en este mismo café y bebí y sentía que Mois estaba al lado mío no era una entidad física… Sí que lo era, aunque el camarero diría lo contrario, yo lo sentía, y hasta más que en este momento.

Me pongo a filosofar y la filosofía nunca me dio ninguna respuesta, leo los textos y me gustan, pero no me dan respuesta a nada. No me explican a Mois. Nadie puede explicarme a Mois.

Es la hora de preparar la comida para el Shabat, preparar algo más, debería volver a casa, volver las horas atrás, al viernes de antes de Mois. Es Viernes y Vino. Pienso en el vino del kidush, el vino de la santidad del sábado, y Mois me ve, se rasca otra vez la cabeza y me pregunta con sus ojos cómo puede ser que no nos viéramos hace veinte años, cómo puede ser que no nos conociéramos en todos los viajes que hizo a Minoestar en el pasado, sí, algo ha cambiado en esta ciudad, me dice, desde que vine la última vez, hace veinte años, la gente ríe menos, casi no ríe, debe ser el nivel de vida, sube el nivel de vida en las ciudades y la gente deja de reír, tienen miedo a perder tanta comodidad.

Vamos a la librería, templo de la sabiduría y de la pornografía de la palabra, vemos libros, le enseño uno de Jesús Mantova, uno de mis escritores preferidos, él me enseña una revista en la que se publicaron unos poemas suyos, Ficciones, muy bella e impecablemente editada, después vamos a ver los libros de poesía, Mois se impresiona de la cantidad de libros de poesía, en casi todas las ciudades los libros de poesía han desaparecido, es increíble que aquí todavía hayan tantos, ves, aquí está tu libro, sí, ves, aquí tienen mi libro pero en mi país no encuentras ningún libro de poesía, en ninguna librería ves más de cien. Mois piensa en comprarlo, no tienen ejemplares y la editorial no le manda más, ni pagando, pero si lo compro ya no estará en la librería, un dilema difícil de resolver. Te regalo este libro de Guillén, me encanta, es un gran poeta, me dice, pero sé que va muy mal de dinero, le digo que no, que ya lo compraré yo misma, otro día, me quiere regalar algo y yo digo que no, no sé como aceptar regalos, hay que obligarme, casi.

Salimos, y de pronto sentí que Mois se alejaba de mí.

Era su forma de decirme que se había acercado demasiado.

Me ato a una ilusión, otra vez, o es la necesidad de ser querida, de testar a los otros, mi belleza, que si todavía me querrían los hombres, pero estoy jugando o no, estoy jugando con Mois o es verdad lo que siento…

Quiero irme a casa, y quiero quedarme aquí, quiero seguir con él a la noche, ver cómo la noche conquista su rostro, ver cómo la noche penetra nuestros pensamientos.

Escribo esto porque estoy sola, y estoy sola porque escribo esto. Pero no con Mois, porque en sus ojos veo que está escribiendo el libro, y él ve que yo estoy escribiendo el libro. Sus ojos me dicen que es la primera vez en mi vida que me estoy enamorando, no del amor, de otro ser, pero ¿es Mois real? ¿O es un personaje de mi libro y yo un personaje de su libro? En él siento que mi realidad desaparece, mi soledad desaparece, y me siento parte de él. Sus ojos me dicen más valen los dolores del amor que las alegrías de la soledad. Y es por eso, y es a pesar de eso, que decido vivir en dos dimensiones, en la primera llevo a Mois a casa de su tío a cenar. En la otra me quedo con él, no vuelvo, no tengo dónde volver, el presente ha desaparecido, el presente no existe. Debe ser eso ser escritora, vivir en dos dimensiones, por lo menos, a la vez, vivir siempre en lo que es, si es que es, y en lo que puede haber sido, si es que puede no haber sido. El adolescente común escribe poemas, pero se convierte en escritor cuando el poema es más importante que el amante, que el amor, cuando escribir el amor es más importante que el amor.

Tendría yo dieciséis años y soñaba como muchas chicas en ese amor puro e inocente que existe sólo a los dieciséis años pero cada vez que se acercaba prefería irme a mis cuadernos y llenarlos de palabras, cada vez que su mano se acercaba a mí miraba su mano en mis senos, pero pensaba sobre todo en cómo esa mano iba a aparecer en mi poema. Y así desaparecían los amores y los amantes, mientras se amontonaban los poemas.

Y la ciudad se convierte poco a poco en blanco y negro, sólo Mois y yo sobresaltamos en colores exóticos, naranja y verde fluorescente, somos tan luminosos que nadie puede vernos.

En mi casa hago lo mismo de siempre, preparo la comida, pongo los platos en la mesa, pero ahora es Sarah la que me mira con ojos extraños, un tanto sorprendidos por el aburrimiento que siento.

Yo la inventé a ella pero es ella la que me escribe ahora, de pronto me dice que se va, baja la casa y se va a correr por las calles, en la entrada Mois espera con sus ojos vivos y verdes, se ha cambiado de zapatos, de camisa, es una camisa burdeos que le va muy mal, pero su sonrisa me lleva por las calles, corro pero estoy volando, él me sigue, por primera vez un hombre me sigue y no soy yo la que se siente como una sombra detrás de él.

La hora de comer llega y nos sentamos en la mesa, es tarde, el señor marido de la señora esposa (el esposo y la esposa en el espacio común) tiene hoy mala cara pero no me importa, alguien me dice Mamá, y ni siquiera entiendo que me están hablando a mí, ya hace tiempo que se han acostumbrado a que soy una despistada, pero nadie se da cuenta que hoy las cosas han cambiado, que hoy, en este viernes, único y como todos los viernes de la historia, desde la creación del mundo, ha liberado mi ser y mi cuerpo, que hoy, este viernes, puede estar en esta casa y al mismo tiempo estar con Mois sareando las calles de Minoestar que por primera vez son mías, mías de verdad, hoy no soy más ajena a mi ciudad, hoy soy la ciudad, soy los bulevares, los pasajes, las avenidas, los paseos, las calles, soy todos los restaurantes de la ciudad, soy todas las cafeterías, soy todos los hombres y todas las mujeres de Minoestar. Hoy vivo por todos ellos, hoy doy sentido a todas sus vidas y a mi vida, hoy.

Hoy fue el día en que volví a mí misma, en que me acordé de las calles de mi infancia, en las que corría, me acordé del patio de mi casa, de las montañas, de la niña que me pidió que me quitara mi blusa para poner sus tetas contra las mías cuando tenía siete años, me acuerdo de mi hermana llorando y diciéndome que teníamos que irnos, pero yo estaba paralizada ante la fuerza de esta niñita, dos años mayor que yo, que sabía muy claramente lo que quería y sabía imponerse sobre mi voluntad, o a lo mejor era lo que quería yo.

Hoy soy la fuente y el agua, el manantial y la montaña, el río y el mar, hoy puedo verme viniendo al mundo, llegando de una energía clara y clarividente, de una luz blanca y que alumbra mi camino desde ese día porque hoy soy energía en el mundo y no materia en el cansancio del mundo, energía en la luz que nos lleva más allá, que nos lleva a donde tenemos que ir, hoy soy el puente y el turista sobre el puente, hoy soy el esposo y la esposa, soy la madre y la hija, soy movimiento, soy la lluvia eterna.

Hoy en mi casa estoy y no estoy, en Minoestar, corro con Mois por mis calles, mientras estoy sentada en la mesa, porque hoy soy lo que siempre soñé ser, soy energía, estoy en mí misma y fuera de mis límites, hoy estoy encantada, cantada, estoy en la superficie de la tierra sin que la gravitación me asuste con una mirada inesperada, hoy soy mi cuerpo, siento mi cuerpo entero en movimiento perpetuo, estoy simplemente volando alrededor del centro de una galaxia, veo manos que me tocan, que van y vienen, manos que nos crean cuando nos llegan, manos que nos ven por un segundo y se van a tocar otras manos, hoy soy el cielo y la tierra, soy el tohu y el bohu.

Hoy soy las calles eternamente grabadas de mi infancia, soy calles y esquinas, soy la niña que siempre corre, y que siempre llega tarde a la clase, soy ella sin dejar de ser yo misma, soy ella, eterna y lúcida, soy la niña que sabe por qué pinta o por qué dibuja una cara, y no pregunto preguntas sobre mi existencia, hoy existo a pesar de, a pesares, a pesar de todo, en un planeta desconocido hasta hoy, en el planeta donde Mois y yo nos damos por un instante las manos, hoy existo en ese maravilloso planeta en el que las manos tienen sentido, y las vidas tienen sentido. Es un planeta curioso, que torna alrededor del sol pero que sólo unos pocos ven, y le ven por un segundo, un planeta que sólo los que lo han visto pueden compartirlo con los otros.

Todo esto suena un poco a New Age, y no es que me moleste, pero a veces las cosas sublimes parecen vacías, parecen sin importancia, nos importa más la muerte de un anciano que el nacimiento de un bebé. Y nacen más personas que mueren, por lo menos eso es lo que pasa desde que yo nací. El grito de la muerte nos parece importante, pero el grito de la vida es algo que no tiene sitio en las noticias cotidianas. Muchas veces me he preguntado qué son las noticias, una forma de tratar de imponernos una realidad, una realidad que no existe, una selección de hechos que no tienen más importancia que otros. Recuerdo que durante una huelga vimos en la tele que las calles estaban llenas de basura, y después fui a pasear con mi hija, que en esa época tenía seis años, y dijo mira, mamá, las calles están limpias, no veo ninguna basura, la televisión miente. El día siguiente fuimos otra vez a pasear y vio basura amontonada en un callejón, y dijo, pues ves, sí hay basura, así que la tele a veces miente y a veces dice la verdad. ¿Pero, entonces, qué verdad? En mi último viaje a Jerusalén no vi ningún atentado ni ninguna bomba, pero si vemos la tele pensamos que en Jerusalén hay sólo autobuses explotando. Sí que hay, pero, como entonces, la televisión crea una realidad que es tan parcial como errónea.

Vivimos en la época de lo visual, y lo visual entra en nuestras mentes como si fuese una realidad, no tenemos filtros para dar a los hechos esa relatividad tan necesaria, esa relatividad que nos dan las palabras, nuestro espíritu crítico se duerme ante la foto, y se queda sin poder preguntar. Por eso todas las multinacionales quieren tener su televisión, para poder inculcar en las mentes lo que quieren y por eso el judaísmo (y el Islam) prohíbe toda representación visual de Dios o de la realidad, y por eso estoy aquí escribiendo mis sueños, mis sueños que son más reales que las fotos, mis sueños que nadie puede fotografiar.

FIN

Amor Y Exilios es una obra cíclica escrita por Mois Benarroch, poeta y novelista galardonado con el Premio Amichai y el Premio del primer ministro y autor de más de veinte libros publicados en las mejores editoriales de España e Israel, como Destino y HakibutzHameujad. Amor Y Exilios fue publicada en el 2010 por la editorial Escalera en Madrid, construida en capas de siete novelas. Las novelas se completan y al mismo tiempo se destruyen para crear nuevas posibilidades.

Incluye las 7 novelas:

La Catedral, Renée, El Ladrón de Memorias, Raquel Dice, Muriel, El Expulsado, El Empapado.

Raquel Dice (algo enteramente inesperado). Hay alguien detrás nuestra que nos dice que en algún lado existe otra persona en el mundo que vive una vida paralela a la nuestra, que siente lo mismo, que tal vez hasta está haciendo lo mismo en este momento. ¿Pero qué pasa cuando dos líneas paralelas se encuentran? Pasa lo imposible y lo que no debe pasar. Si la alma gemela existe y si sentimos ganas de encontrarnos con ella, eso no quiere que decir que el encuentro nos facilita la vida o nos da soluciones.

Muriel

un atentado en Jerusalén. Un cambio de identidad. ¿Quién se salvó y quién murio?

Después de un atentado el narrador pierde sus sentidos y se mete en un coche que no es suyo y viaja a toda velocidad por la carretera del mar muerto. Tiene un accidente y es confundido con el dueño del Fiat Punto que muere en el atentado. Pasa muchos meses en coma, pero al despertarse se da cuenta que está en otra vida, otra vida que tal vez soñó, o tal vez está soñando en estos

180

momentos. De pronto se ve liberado de una relación que no podía soportar más y entra en el juego de ser alguien otro. Parece como si todos saben que él no es él, pero ninguno puede echar paso atrás. Vuelve a espiar su vieja vida, para descubrir que todo va mejor sin él. La novela Muriel es un desafío a lo que pensamos que es nuestro íntimo yo, a la crisis de la individualidad, a las mentiras del mundo moderno.

El Expulsado

Cuando los sefardíes fueron expulsados de España en el siglo quince y llegaron a Marruecos fueron denominados "Megorashim" (expulsados), término que se oponía al de los "Toshabim" (los asentados). Sin embargo durante siglos no fue un término peyorativo, sino todo lo contrario, ser expulsado era pertenecer a una especie de nobleza. Quinientos años después el narrado se siente expulsado de todo, de su pueblo, familia, amores, países, para ir comprendiendo poco a poco que "Me había convertido, como mis antepasados, en un expulsado."

La Catedral

La catedral se desarrolla en una metrópolis real y futurística, construida alrededor de un centro comercial que incluye todo, desde tiendas hasta clínicas, restaurantes y librerías. Los barrios se llaman "Cuellos" y llevan a la ciudad hasta el final de la civilización, allí donde se acaba la ciudad y empieza la guerra. Sandoval Y Sandra se ven perseguidos por intentar salir de la catedral sin hacer ninguna compra, pecado penal en un mundo donde comprar es una religión, "Compren para su futuro, el futuro es comprar" reza una especie de muecín desde los altavoces del centro comercial llamado "Catedral" que tal vez fue una sinagoga en el pasado. Sandoval llega hasta el límite de la ciudad y allí ve a los que intentan y no pueden entrar en ella, para no poder ya jamás a ser el que fue y refugiarse en los escritos de su padre que le hablan de otro pasado, de otro mundo.

Entre la ciencia ficción y la crítica social, una novela para el nuevo milenio.

El Empapado

El viaje hacia el pasado que es el futuro. El narrador vuelve a un amor que se esfumo veinte años atrás para encontrar a su amante ya casada, él cree que ella tiene interés en renovar su relación pero ella va a su encuentro por razones muy diferentes, todavía no tiene resuelto el aborto, el fruto de gran amor que sólo dio un feto sin vida. En su tiempo parecía lo inevitable pero con el tiempo realiza que el feto no sólo impido la vida de otro ser, sino que también impidió el nacimiento de una madre, porque como se va dando cuenta cada hijo crea una madre diferente. El dialogo entre los dos es tan imposible como es el intento de recrear el pasado después que uno se ha desconectado de él.

Renée

¿Es posible el reencuentro después de decenas?, ¿Y entonces a quién se vuelve a encontrar? Tres amigos adolescentes madrileños se juntan en un verano aburrido y caloroso para dar un salto a Paris, allí se van de prostis, los tres con poca o ninguna experiencia sexual. De esa experiencia los tres salen diferentes y dejan su amistad de lado, cada uno de ellos lleva en sí un secreto desconocido de los otros que no quiere compartir con ellos. La amistad abierta se convierte en una serie de silencios que acaba con exterminarla. Veinte años después el narrador se encuentra con la prostituta parisina o así lo cree y va descubriendo lo que no quería decirse a sí mismo, así como lo que ocultaban sus amigos.

El Ladrón De Memorias

A todos nos pasa a veces que hablamos con un hermano de una memoria de infancia y de pronto él nos dice, pero si fuiste tú el que hizo eso, fui yo. Y eso parece normal. ¿Pero, de qué nos acordamos cuando nos acordamos? Los estudios científicos muestran que en menos de veinticuatro horas ya hemos cambiado la memoria de lo que nos pasó. Tal vez nuestras memorias no siempre son tan nuestras, son parte nuestras, en parte son los que nos han contado otros que estaban en el mismo sitio, y otras tal vez son memorias de otros que con el tiempo se van infiltrando en nuestro registro cerebral. El narrador de El Ladrón de memorias no roba memorias, pero se siente un ladrón, porque tiene la vocación de captar en algunos momentos las memorias más íntimas de otras personas, para después darse cuenta que ya no llega a diferenciar sus memorias de la de los otros. El Ladrón de memorias es una autobiografía del mundo entero.

En las puertas de Tánger

(Áncora y Delfín):

La epopeya de los judíos sefardíes de Marruecos en el siglo XX.

La novela bestseller de Mois Benarroch, publicada en siete idiomas (español, inglés, alemán, francés, portugués, árabe, hebreo).

Cuando muere el padre de los Benzimra, deja un testamento en el que anuncia a su familia la existencia de un hijo ilegítimo fruto de su relación con una mujer musulmana en Marruecos. Para recibir la herencia, su familia debe hacer todo lo posible por encontrarlo. Emprenden así un viaje a Tetuán desde lugares tan distintos como Jerusalén, Madrid, Nueva York y París en busca de ese hermano perdido; un viaje que les enfrentará con sus raíces marroquíes, con su judaísmo, que les hará preguntarse sobre su identidad; una experiencia tras la que ya no volverán a ser los mismos.Una obra que pone al descubierto cómo vive la sociedad israelí en pleno conflicto sefardí-asquenazí, los lazos y tensiones entre el mundo árabe y Europa, entre la cultura de oriente medio y la cultura occidental. Un mundo con complejidades y matices que a menudo quedan desdibujados en la versión que muestran los .medios de comunicación

Una novela sobre un mundo poco conocido, el de los judíos del norte de Marruecos, llena de intrigas, con saltos de humor y erotismo, que lleva hasta el incesto, pero siempre deja la posibilidad de una .vuelta a casa

Mois Benarroch nació en Tetuán, Marruecos en 1959. A los trece años emigra con sus padres a Israel y desde entonces vive en Jerusalén. Empieza a escribir poesía a los quince años, en Ingles, después en Hebreo, y finalmente en su lengua materna, el castellano. Publica sus primeros poemas en 1979. En los años 80 forma parte de varios grupos de vanguardia y edita la revista Marot. Su primer libro en hebreo aparece en 1994, titulado "Coplas del inmigrante". Publica también dos libros de cuentos, varios libros de poemas en Hebreo , Inglés y Español, y cuatro novelas. En el 2008 es galardonado con el premio del primer ministro en Israel.

En España ha publicado el poemario "Esquina en Tetuán" (Esquío, 2000) y en 2005 la novela "Lucena" (Lf ediciones). En el 2008 la editorial Destino publica la novela "En Las Puertas De Tánger". Y en el 2010 publica "Amor y Exilios".

Benarroch ha sido galardonado con el premio del primer ministro (2008) y el premio Yehuda Amichay de poesía (2012).

187